Udo Dittfurth
Berliner S-Bahn-Museum

August 1961
S-Bahn und Mauerbau

August 1961:
S-Bahnhof Alexanderplatz
mit DDR-Grenzpolizei.
Foto: Sammlung S-Bahn-Museum

Gesellschaft
für Verkehrspolitik und Eisenbahnwesen

Udo Dittfurth, Berliner S-Bahn-Museum

August 1961. S-Bahn und Mauerbau

Inhaltsverzeichnis

Udo Dittfurth, Berliner S-Bahn-Museum: August 1961. S-Bahn und Mauerbau
Redaktion: Udo Dittfurth (V. i. S. d. P.), Karl-Heinz Gräßer, Dieter Kaddoura und Frank Lammers
Texte: Udo Dittfurth und die Autoren der Zeitzeugenberichte, die im Buch anonym genannt sind. Die Namen und Anschriften aller Textautoren sind der Redaktion bekannt.
Abbildungen: Titelbild Landesarchiv Berlin, Titelgestaltung: M. Heller, GVE. Weitere Autoren und Quellen sind bei den Bildern genannt.
Satz, Gestaltung und Druck: K.-H. Gräßer, D. Kaddoura; Oktoberdruck, Berlin-Friedrichshain
Verlag und Vertrieb: Gesellschaft für Verkehrspolitik und Eisenbahnwesen (GVE) e.V., S-Bahnhof Jannowitzbrücke, G9, 10179 Berlin; Fax: (030) 78705511, E-Mail: info@gve-verlag.de
ISBN 3-89218-080-6.

Vorbemerkungen und Danksagungen

Am 13. August 2001 jährte sich der Tag des Berliner Mauerbaus zum vierzigsten Male. Dies war Anlaß für eine Vielzahl von Veranstaltungen unter der Schirmherrschaft des Bundespräsidenten. Auf dem S-Bahnhof Potsdamer Platz zeigte das Berliner S-Bahn-Museum eine Ausstellung zu den Ereignissen des Jahres 1961 und zu deren Folgen für den S-Bahn-Verkehr in und um Berlin. Die Text- und Bilddokumente, die im Zuge der Vorbereitung der Ausstellung erarbeitet wurden, flossen – ergänzt um weitere Materialien – in dieses Buch ein.

Für die Unterstützung der Ausstellung danken wir der Bundesstiftung zur Aufarbeitung der SED-Diktatur, für vielfältige Hilfe bei der Erarbeitung der Ausstellung der Deutschen Bahn AG, der S-Bahn Berlin GmbH und dem Verein Historische S-Bahn, der zum Thema Sonderzug-Fahrten betreute. Dieter Bohrer, Manuel Jacob, Hagen Koch, Bernd Kuhlmann und Heinz Penzien ließen wichtige Ereignisse lebendig werden.

Besonderer Dank gilt den vielen Zeitzeugen sowie den Mitarbeitern der Erinnerungsstätte Notaufnahmelager Marienfelde, die uns Erlebnisse von damals schilderten bzw. zur Verfügung stellten. Nicht zuletzt danken wir den Redakteuren der Zeitschrift Verkehrsgeschichtliche Blätter, die mit Berichten zum Mauerbau – im Kapitel 2 dieser Publikation – und zum Fluchttunnel am S-Bahnhof Wollankstraße halfen.

Dieses Buch erzählt von den Ereignissen in Berlin im August 1961 und in der Zeit unmittelbar danach. Die Problematik der Berliner Mauer kann dabei nicht in allen Einzelheiten dargestellt werden – dazu gibt es eine Fülle an Quellen aus Politik und Geschichtsschreibung. Ziel der nachstehenden Ausführungen ist vielmehr die an Fakten orientierte Darstellung der Auswirkungen auf die Berliner S-Bahn und der Stimmung unter den Reisenden.

Dies bedeutet jedoch nicht, politische Positionsbeschreibungen völlig zu vermeiden. Wie immer man einzelne politische Ursachen und Positionen auch bewerten mag: Der Mauerbau hatte für die Menschen in Ost und West dramatische, in manchen Fällen sogar tödliche Folgen. Dies läßt sich nicht mit Hinweisen auf weltpolitische Auseinandersetzungen oder wirtschaftliche Erfordernisse relativieren, sondern bleibt eine Tragödie und eine Schuld der Verantwortlichen.

Berliner S-BAHN Museum

Foto: A. Frenzel, Archiv S-Bahn-Museum

Die Berliner S-Bahn *war vor den dramatischen Tagen im August 1961 das Verkehrsmittel, das Menschen in Ost und West miteinander verband. Zugleich aber nutzten viele die S-Bahn-Züge, um damit von Ost nach West zu flüchten.*

Das Berliner S-Bahn-Museum *beteiligte sich an den Gedenkveranstaltungen zum vierzigsten Jahrestag des Mauerbaus im August 2001. Es zeigte eine Ausstellung, die sich den Auswirkungen des Mauerbaus auf den Berliner S-Bahn-Verkehr widmete. Fotos, Pläne und Texte zeigten die Teilung des Streckennetzes und des S-Bahn-Betriebs in Ost und West. Berichte von Zeitzeugen beleuchteten die oft drastischen persönlichen Folgen für die Menschen.*

Ausstellungsort war der S-Bahnhof Potsdamer Platz, *ein zentraler Ort des damaligen Geschehens. Filmvorführungen, Gespräche mit Zeitzeugen und Sonderfahrten entlang der Nordbahn gehörten zum ergänzenden Programm. Insgesamt sahen rund 5000 Besucher die Ausstellung, die einen Beitrag zur Erinnerung an das für die deutsche Geschichte so denkwürdige Datum leistete.*

Dauerausstellung
Berliner S-Bahn-Museum
Unterwerk am S-Bahnhof Griebnitzsee

geöffnet am zweiten Wochenende
der Monate April bis November,
jeweils Sonnabend und Sonntag von 11 bis 17 Uhr.

Zeittafel
1948 bis 1961

Der 13. August 1961 war das einschneidendste politische Datum der Geschichte Berlins und der Berliner S-Bahn nach dem Zweiten Weltkrieg. Die Schließung der Grenzen zu West-Berlin war eine späte Konsequenz des 2. Mai 1945, des Tages der Kapitulation Berlins, des Endes der Nazidiktatur, der Besetzung und der Aufteilung der Stadt in vier Sektoren.

In den Jahren bis 1961 zeigte sich die zunehmende Konfrontation zwischen der Sowjetunion und den Westmächten USA, Großbritannien und Frankreich, ebenso wie zwischen ihren jeweiligen deutschen Partnern. In Berlin war die S-Bahn dabei sowohl Bindeglied als auch Zankapfel zwischen Ost und West.

Juni 1948 bis Mai 1949

Die Einführung der D-Mark-West in den Westsektoren Berlins beantwortet die Sowjetunion mit der Blockade. Mit Ausnahme der drei Luftkorridore sind die Wege in die Westzonen fast ein Jahr unterbrochen. Über die innerstädtischen Grenzen hinweg verkehren weiter zwei Buslinien, die Straßenbahnen (bis 1953), die U-Bahn sowie die S-Bahn.

September und November 1948

Die demokratisch gewählte Stadtverordnetenversammlung und der Magistrat von Berlin verlegen als Reaktion auf kommunistischen Druck ihren Sitz in die Westsektoren. Die Stadt ist nun politisch gespalten.

Ein Zwischenfall an der Berliner Sektorengrenze

Die Situation zwischen Ost und West war lange vor dem 13. August 1961 mehr als gespannt. Das Protokoll eines Vorfalls, der sich am 21. November 1948 morgens an der Grenze zwischen dem französischen und dem sowjetischen Sektor zugetragen hat, belegt dies drastisch:

„Auf dem S-Bahnhof Bornholmer Straße war ein Mann unter einen S-Bahn-Zug geraten. Der Löschzug der zuständigen Wache Stockholm (Bezirk Berlin-Wedding) verharrte weisungsgemäß an der Sektorengrenze, wenige Meter vom Bahnhofseingang entfernt. Der von der im amerikanischen Sektor gelegenen Hauptwache daraufhin alarmierte nächste Löschzug des Ostsektors traf verspätet ein und mußte auch noch die Fahrzeuge am Beginn der Straßenbrücke zurücklassen, da der Verlauf der Sektorengrenze innerhalb der dem Osten unterstehenden Reichsbahnanlagen nicht klar erschien. Der Verunglückte, der ein Bein verloren hatte, wurde dadurch so spät geborgen, daß er wegen zu hohen Blutverlusts starb."

Ost-Berlin, August 1951, III. Weltfestspiele der Jugend und Studenten: Polit-Parolen am S-Bhf. Bornholmer Straße. Foto: Landesarchiv Berlin

23. Mai 1949
Verkündung des Grundgesetzes und Gründung der Bundesrepublik Deutschland in Bonn am Rhein. Nach der Bundestagswahl in den westlichen Ländern findet die konstituierende Sitzung des ersten Deutschen Bundestags am 7. September 1949 statt.

Juni 1949
Der Streik der West-Berliner Eisenbahner um bessere Lohnbedingungen führt zu massiven Auseinandersetzungen – mit Todesopfern – und zu erheblichen Einschränkungen des S-Bahn-Verkehrs und des Fernbahnverkehrs in, von und nach Berlin.

7. Oktober 1949
Gründung der Deutschen Demokratischen Republik (DDR) mit Ost-Berlin als Hauptstadt.

In den folgenden Jahren schafft die Deutsche Reichsbahn (Ost) durch Ausbau und durch Verbesserung der technischen Anlagen von Nebenstrecken rund um Berlin die Voraussetzungen, ihren Eisenbahn-Güterverkehr und einen Teil des Eisenbahn-Personenverkehrs – insbesondere in Nord-Süd-Richtung – um West-Berlin herumzuleiten.

1952
Ab Sommer dieses Jahres wird West-Berlinern die Einreise in die DDR faktisch unmöglich gemacht; zusammen mit den Abriegelungsmaßnahmen an der innerdeutschen Grenze bedeutet dies, daß nur noch über die Sektorengrenzen Berlins ein (vergleichsweise) ungehinderter Weg zwischen Ost und West möglich ist. An den Grenzbahnhöfen zwischen West-Berlin und dem Umland wird jetzt scharf kontrolliert.

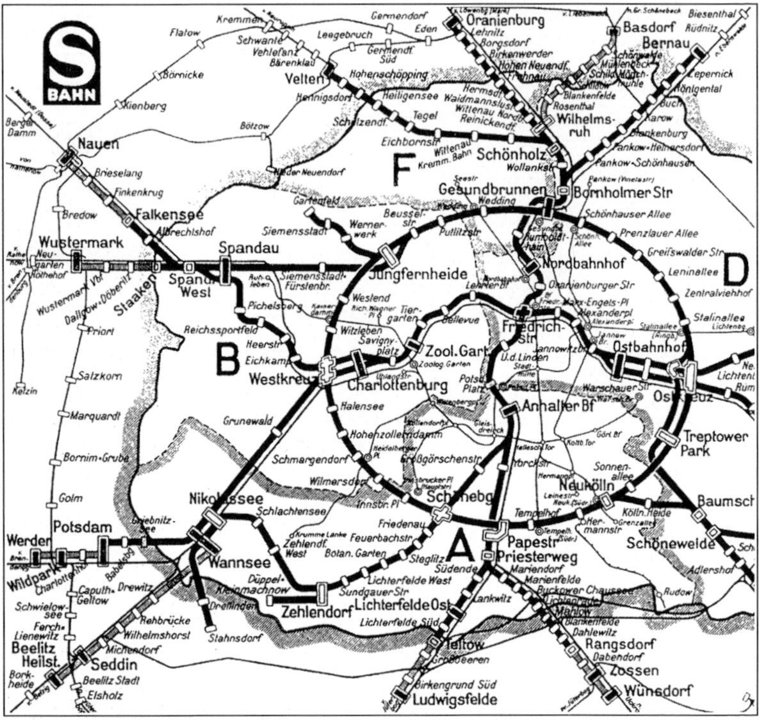

S-Bahn-Netzplan 1952 (Ausschnitt), mit Kennzeichnung der Sektoren, „A" steht für amerikanisch, „B" für britisch, „F" für französisch und „D" für das „demokratische" Berlin, wie sich Ost-Berlin selbst nannte.

Die S-Bahn ist schon bis Falkensee, Staaken und bis Teltow verlängert. Die Eisenbahnstrecken zur Umfahrung West-Berlins werden ausgebaut, sie sind aber noch nicht hervorgehoben dargestellt.

Für Tausende bleibt der innerstädtische Weg hin- und herüber, egal ob zu Fuß, mit dem Fahrrad, der S- oder U-Bahn, in seltenen Fällen auch mit dem Auto (zunächst) normaler Alltag. Man geht arbeiten, einkaufen, ins Kino, Freunde oder Verwandte besuchen. Natürlich – Berlin ist die Frontstadt des Kalten Krieges – wechseln auch Schmuggler oder Agenten von der einen Seite des eisernen Vorhangs auf die andere. Nie wird man die genaue Zahl wissen.

Mai 1952

Mit der Schließung des Anhalter Bahnhofs und des Nordbahnhofs (bis 1950: Stettiner Bahnhof), die in den Westsektoren liegen oder nur durch diese erreichbar sind, endet die Ära der Kopfbahnhöfe in Berlin. 1951 waren in den Westsektoren bereits der Lehrter Bahnhof und der Görlitzer Bahnhof geschlossen worden. Die Deutsche Reichsbahn hat zuvor verschiedene Strecken in West-Berlin bzw. ins Berliner Umland auf elektrischen S-Bahn-Betrieb umgestellt. Die Dampfvorortzüge – letzter Grund für die Weiternutzung der Fernbahnhöfe – können so entfallen. Beim Übergang von den S-Bahn-Strecken zu den Vorortzügen an den Stadtgrenzen Berlins können die Personenkontrollen effizienter durchgeführt werden. Die Fernzüge des Binnenverkehrs der DDR werden um West-Berlin herumgeleitet. Fernzüge durch West-Berlin rollen nur noch über die Stadtbahnstrecke Friedrichstraße–Zoologischer Garten und weiter über Wannsee und Griebnitzsee sowie bis 5. Dezember 1961 auch über Spandau und Falkensee. Durch Stillegung der übrigen Fernbahnhöfe in West-Berlin kann zugleich der Bahnbetrieb in den Westsektoren personell und materiell deutlich reduziert werden.

Dezember 1952

Inbetriebnahme der elektrifizierten Gütergleise der Verbindungskurve Schönhauser Allee–Pankow. Damit können die S-Bahnen den im Westen gelegenen Bahnhof Gesundbrunnen auf Ost-Berliner Gebiet umfahren.

Januar 1953 bis September 1954

Der Betrieb auf der Friedhofsbahn von Wannsee nach Stahnsdorf wird vorübergehend eingestellt. Durch das de facto Einreiseverbot für West-Berliner in die sowjetische Zone hat die Strecke ihre Verkehrsfunktion weitgehend verloren.

Februar 1953

Auf dem Bahnhof Friedrichstraße wird der Fernbahnsteig B der S-Bahn zugeschlagen.

Die S-Bahn-Züge in Richtung Osten verkehren jetzt über den mittleren Bahnsteig B, und der bisherige S-Bahnsteig dient nun bis 1990 ausschließlich nur noch dem S-Bahn-Verkehr in Richtung Westen. Durch das in beiden Richtungen nun jeweils vorhandene zweite S-Bahn-Gleis wird es möglich, die S-Bahnen lang genug für Kontrollaufenthalte im Bahnhof Friedrichstraße halten zu lassen.

An der Ringbahn und an der Ringbahnausfädelung von Köllnische Heide nach Baumschulenweg werden auf östlicher Seite Kontrollbahnsteige dicht an der Sektorengrenze errichtet, aber nicht in Betrieb genommen.

Anonymes Flugblatt West von 1953. Repro: Landesarchiv Berlin

Adelheid S.: „Petticoat und Stoffe aus dem Westen“

Ein Motto zur Steigerung der Arbeitsproduktivität hieß damals: „Wie wir heute arbeiten, werden wir morgen leben". Wem dies zu lange dauerte, der fuhr eben ab und an in den Westen. Als gelernte Schneiderin interessierten mich natürlich die neuesten Modetrends. Die Hin- und Rückfahrt mit der S-Bahn nach Gesundbrunnen kostete eine Mark Ost, und viele Modegeschäfte direkt am Bahnhof nahmen problemlos Ostgeld an. Zwar war die Ausfuhr von Devisen verboten, aber wer hatte schon Westgeld! Eines der dortigen Geschäfte hatte ein ganz besonderes Angebot: begehrte Schnittmusterbögen, Vorlagen um beispielsweise Kleider selber zu nähen, vom Vormonat, gab es dort im Verhältnis 1 : 1. Das war allemal ein Grund, mindestens einmal monatlich „in den Westen" zu fahren.

Bis zum Mauerbau, als dann mit diesem unerwünschten „Grenzgängertum" Schluß war, hielten die Züge nach Oranienburg zehn Minuten im S-Bahnhof Hohen Neuendorf. Hier wurde kontrolliert. Die Kontrolleure gingen durch die S-Bahn-Wagen und griffen sich wahllos einzelne Fahrgäste oder Gruppen heraus, die ihnen irgendwie „verdächtig" oder „aufällig" erschienen. Wer zur genaueren Kontrolle vorgesehen war, dem wurde zuerst der Ausweis abgenommen. In einer separaten Baracke mußten sich alle „Verdächtigen" sammeln und wurden der Reihe nach genauer kontrolliert. Erst der Ausweis und weitere Papiere, dann die Dinge, die jeder mit sich führte. Eine mehr oder minder ausführliche Befragung setzte ein: Warum, wieso und weshalb man im Westen war. Wer Westzeitungen mit sich führte, bekam sie sofort abgenommen. Um unsere am Bahnhof Gesundbrunnen gekaufte Kleidung hier nicht gleich wieder einzubüßen, war vorher ausgemacht, daß jeder aus unserer Gruppe, der den Wagen zur Kontrolle verlassen soll, Taschen und Tüten im Wagen stehen läßt, als ob sie ihm nicht gehören würden. Deshalb fuhren wir nach Möglichkeit immer in einer größeren Gruppe und verteilten unsere Einkäufe vor der Kontrolle gleichmäßig auf alle aus unserer Gruppe.

In vielen Schuhgeschäften, die sich in Grenznähe auf westlicher Seite befanden, gab es an den Kassen die Möglichkeit, seine alten Schuhe beim Neukauf dort zu lassen und mit den neuen (aus dem Westen) die Heimfahrt anzutreten. Einmal passierte es mir, daß meine neuen Schuhe, die aus der CSSR importiert waren, mißtrauisch begutachtet wurden. Endlich, nach mehrmaligen Beteuerungen von mir, daß sie nicht aus dem Westen stammen, ließ mich der Kontrolleur ziehen. Hätte ich barfuß nach Hause fahren sollen?

Bis 12. August 1961 war die Badstraße (Gesundbrunnen) eine viel besuchte Einkaufsstraße. Danach fehlte hier die Kundschaft aus Ost-Berlin. Fotos (1961): Landesarchiv Berlin

Mai 1953
Einführung der „Durchläufer", d.h. von S-Bahn-Zügen, die zwischen dem Umland (z.B. Potsdam) und Ost-Berlin ohne Halt in den Westsektoren verkehrten. Für viele DDR-Bürger wird die Benutzung dieser Züge zur Pflicht.

Abenteuerroman, DDR – 50er Jahre. Archiv Berliner S-Bahn-Museum

17. Juni 1953
Der Aufstand in Berlin (Ost) und der DDR bringt Hunderttausende auf die Straße. Aus der Demonstration gegen die Normenerhöhung wird bald ein Protest gegen die SED-Diktatur und ihre sowjetischen Beschützer. Der S-Bahn-Verkehr zwischen Ost und West wird für längere Zeit unterbrochen. Erst nach ca. vier Wochen verkehren die Züge wieder normal, sind alle Bahnhöfe geöffnet.

1958/59
Sowjetunion und DDR fordern die Neuregelung des Status von Berlin. West-Berlin soll mit dem Ultimatum des sowjetischen Ministerpräsidenten Nikita Chruschtschow zur entmilitarisierten „Freien Stadt" werden.

Juni 1961
Die Sowjetunion kündigt an, mit der DDR einen separaten Friedensvertrag abschließen zu wollen.

Allein im Juli 1961 flüchteten 30444 Menschen aus der DDR. In Ost wie West wird es immer deutlicher, daß die DDR-Regierung handeln muß, um den Massenexodus zu stoppen.

6. Juli 1961
Die seit Herbst 1960 im DDR-Politbüro und in Abstimmung mit den Verbündeten verstärkt geführten Diskussionen, die Grenze nach West-Berlin abzuriegeln, findet die grundsätzliche Zustimmung der sowjetischen Führung. Walter Ulbricht beauftragt Erich Honecker mit der konkreten Vorbereitung.

4. August 1961
In Moskau erteilen die Sowjetunion und die anderen Verbündeten der DDR ihre Zustimmung zu den Sperrmaßnahmen an der Sektorengrenze zu West-Berlin.

Links:
Warnschild am S-Bhf. Anhalter Bahnhof.
Unten:
Potsdamer Platz 1960, Blick nach Osten, vor Schließung der Grenze zu West-Berlin.
Fotos: S-Bahn-Museum (oben), Landesarchiv Berlin

12. August 1961
Ab etwa 20 Uhr erfolgen die Befehlsausgabe für die Absperrung West-Berlins und das Einrücken der Verbände in ihre Einsatzräume.

13. August 1961
Gegen 1 Uhr („X-Zeit") nachts beginnt die Reichsbahn – zeitgleich zu den übrigen Aktionen – den Verkehr der S-Bahn in die Westsektoren einzustellen. Ab etwa 2 Uhr laufen im West-Berliner Polizeipräsidium Informationen über ungewöhnliche Aktivitäten an der Sektorengrenze ein. Östliche Volkspolizei, Grenzpolizei und Betriebskampfgruppen marschieren auf und beginnen die Straßen und Wege aufzureißen.

Schnell wächst die zunächst provisorische Absperrung aus Stacheldraht empor. Wenige Tage später, nachdem klar wird, daß der Westen zwar protestieren, aber nicht aktiv handeln wird, beginnt der Bau der Mauer.

Die letzte offene Verbindung zwischen Ost und West ist zu. Für viele Menschen wird es 28 Jahre dauern, bis sie wieder von einem Teil Berlins in den anderen gelangen können.

Die erste Passierschein-Regelung für West-Berliner zum Besuch von Verwandten in Ost-Berlin gab es zu Weihnachten und Neujahr 1963/64. Starker Andrang herrschte am Bahnhof Friedrichstraße bei der Ausreise nach West-Berlin. Foto (4. Januar 1964): Deutsche Reichsbahn

Das Datum des 13. August 1961 markierte für Deutschland den Höhepunkt des Kalten Krieges und zugleich dessen Wendepunkt. Nach allgemeiner Sprachlosigkeit – allenfalls durch Parolen und Verlautbarungen unterbrochen – entwickelte die DDR ihr Wirtschaftssystem. Passierschein-Abkommen und Entspannung machten die Mauer später Schritt für Schritt durchlässiger.

Zwar stabilisierte die Entspannungspolitik vordergründig die DDR durch behutsame wirtschaftliche Zusammenarbeit und durch Anerkennung der Umstände. Aber sie trug gleichermaßen zur Verschärfung der inneren Widersprüche der DDR bei. Dies hat Erich Mielke mit seiner Warnung vor der „Konterrevolution auf Filzlatschen" (sofern korrekt überliefert) richtig erkannt.

Letztlich leitete der Prozeß der Entspannung dann über Glasnost und Perestroika den 9. November 1989 ein. Dieser Tag wurde nach dem 2. Mai 1945 und dem 13. August 1961 zum dritten Datum im 20. Jahrhundert, an dem sich die Geschichte der Berliner S-Bahn und die Weltgeschichte kreuzten.

S-Bahn Verbindungen gekappt, Bahnhöfe geschlossen

Stillgelegte Streckenabschnitte

Am 13. August 1961 wurde der S-Bahn-Verkehr auf den folgenden Verbindungen (insgesamt rund 36 Streckenkilometer) eingestellt:

● Gesundbrunnen–Schönhauser Allee	1,70 km
● Sonnenallee–Treptower Park	2,67 km
● Köllnische Heide–Baumschulenweg	1,72 km
● Bornholmer Straße–Pankow	1,09 km
● Heiligensee–Hennigsdorf	2,47 km
● Frohnau–Hohen Neuendorf	4,27 km
● Lichtenrade–Mahlow	3,06 km
● Lichterfelde Süd–Teltow	2,60 km
● Wannsee–Stahnsdorf	4,24 km
● Wannsee–Griebnitzsee	4,67 km
● Spandau West–Staaken	3,47 km
● Spandau West–Albrechtshof	4,42 km

Stadtbahn

Der durchgängige Betrieb wurde im Bahnhof Friedrichstraße unterbrochen, der Ost- und West-Betrieb bis 1990 von zwei separaten Bahnsteigen abgewickelt.

Reststrecken außerhalb Berlins

Auf den von West-Berlin abgeschnittenen Strecken auf DDR-Gebiet Mahlow–Rangsdorf, Griebnitzsee–Potsdam und Albrechtshof–Falkensee wurde der elektrische Betrieb kurze Zeit nach dem 13. August wegen der fehlenden Wartungsmöglichkeiten für die Züge eingestellt. Lediglich auf dem Abschnitt Hennigsdorf–Velten verkehrten bis Anfang der 80er Jahre weiterhin elektrische Züge. Der Abschnitt Hohen Neuendorf–Oranienburg wurde am 19. November 1961 durch die Elektrifizierung des nördlichen Berliner Außenrings wieder an das übrige Ost-Berliner S-Bahn-Netz angeschlossen.

Nord-Süd-Verkehr

Außer Bornholmer Straße wurden die Tunnelbahnhöfe Potsdamer Platz, Unter den Linden, Oranienburger Straße und Nordbahnhof geschlossen. Der Tunnelbahnsteig Friedrichstraße blieb geöffnet, allerdings nur für Reisende aus West-Berlin. Für DDR-Bürger war er erst nach Passieren der Grenzkontrollen zu erreichen.

Die Züge auf der die West-Berliner Bezirke Kreuzberg (Anhalter Bahnhof) und Wedding (Humboldthain) verbindenden Tunnelstrekke der Nord-Süd-Bahn fuhren auf den Bahnhöfen – mit Ausnahme des Bahnhofs Friedrichstraße – ohne Halt durch.

U-Bahn Verbindungen gekappt, Bahnhöfe geschlossen

Stillgelegte Streckenabschnitte

Am 13. August 1961 wurden die Verbindungen Gleisdreieck–Thälmannplatz (heute Mohrenstraße, U2) und Schlesisches Tor–Warschauer Brücke (heute Warschauer Straße, U1), einschließlich des Bahnhofs Warschauer Brücke stillgelegt.

Weitere geschlossene U-Bahnhöfe

(heutige Namen und aktuelle Linienbezeichnungen in Klammern)

- Potsdamer Platz (U2),
- Walter-Ulbricht-Stadion (Schwarzkopffstraße, U6),
- Nordbahnhof (Zinnowitzer Straße, U6),
- Oranienburger Tor (U6),
- Französische Straße (U6),
- Stadtmitte (nur U6),
- Bernauer Straße (U8),
- Rosenthaler Platz (U8),
- Weinmeisterstraße (U8),
- Alexanderplatz (nur U8),
- Jannowitzbrücke (U8),
- Heinrich-Heine-Straße (U8).

Bernauer Straße/Brunnenstraße, Betriebskampfgruppen „sichern" die innerstädtische Grenze. Foto (22. August 1961): Landesarchiv Berlin

West-Linien unter Ost-Berlin

Die unter Ost-Berlin gelegenen Streckenabschnitte der heutigen U-Bahn-Linien U6 und U8 wurden ohne Halt durchfahren, mit Ausnahme des Halts im Bahnhof Friedrichstraße (heute U6).

Die U-Bahnen aus dem Westen Berlins endeten in Gleisdreieck (heute U2) bzw. Schlesisches Tor (heute U1).

Abstellgleise Ost unter West-Berlin

Die U-Bahnen von Pankow, im Osten der Stadt, endeten im Bahnhof Thälmannplatz. Der Streckenabschnitt vom Thälmannplatz bis zum Potsdamer Platz (heute U2) diente ab 1961 als Abstellanlage, einschließlich eines südlich des Potsdamer Platzes gelegenen Streckenteils. Dieser reichte dann, nach einem Gebietstausch zwischen Ost- und West-Berlin, ab 1972 unterirdisch sogar bis nach West-Berlin hinein.

1. Reisen ohne Rückfahrkarte

Seit 1949 erlebte die DDR einen gewaltigen Exodus. Jahr für Jahr zogen hunderttausende Menschen, bis 1961 insgesamt über 2,6 Millionen, aus der DDR in die Bundesrepublik. Von neun DDR-Bürgern war bis 1961 einer in den Westen geflüchtet. Die meisten Flüchtlinge nahmen den – seit 1952 – kürzesten und unauffälligsten Weg, den über die Sektorengrenze von Ost-Berlin nach West-Berlin.

Dem Arbeiter-und-Bauern-Staat liefen nicht nur die Arbeiter und Bauern weg. Viele gut ausgebildete, hoch qualifizierte Fachkräfte verließen die DDR: Ingenieure, Ärzte, Apotheker, Lehrer und Professoren, aber auch viele Jugendliche machten sich auf den Weg. Die Ursachen waren vielschichtig: Manche gingen aus politischen Gründen, andere wurden gelockt und geworben vom „Goldenen Westen".

Noch ein weiteres Problem plagte die DDR-Volkswirtschaft: Während 1961 allein in Ost-Berlin rund 45000 Arbeitskräfte fehlten, fuhren jeden Tag 53000 Berliner von Ost nach West, um dort zu arbeiten. Die sogenannten „Grenzgänger" bezogen einen Teil des Lohnes in „harter" D-Mark – umgetauscht zum Kurs von 4:1 in DDR-Mark ließ es sich davon gut leben. Die Möglichkeit, sich im Westen Waren kaufen zu können, die es in der DDR überhaupt nicht – oder nur teuer – gab, erzeugte Neid und machte die Grenzgänger auch ideologisch verdächtig. Außerdem fehlte ihre Arbeitskraft.

1.1 Das Notaufnahmelager Marienfelde

Schon wenige Jahre nach Ende des Zweiten Weltkriegs führten die zunehmende politische Bevormundung und die wachsenden wirtschaftlichen Unterschiede zu einer deutlichen Bevölkerungsbewegung aus der sowjetischen in die westlichen Besatzungszonen. Nach Gründung der Bundesrepublik Deutschland und etwas später der Deutschen Demokratischen Republik im Jahre 1949, verabschiedete der Deutsche Bundestag das Gesetz über die Notaufnahme von Deutschen in das Bundesgebiet. Nachdem schon Hunderttausende die DDR verlassen hatten, sperrte die DDR-Regierung im Mai 1952 die Grenze zur Bundesrepublik.

Ein weitgehend unkontrolliertes Verlassen der DDR war seitdem nur noch über die Sektorengrenze zwischen Ost- und West-Berlin möglich. Die Lage in der geteilten Stadt spitzte sich zu: Allein im zweiten Halbjahr 1952 meldeten sich rund 88000 Flüchtlinge in West-Berlin. Zu diesem Zeitpunkt waren rund zehn Prozent der Bewohner West-Berlins Flüchtlinge aus der DDR oder Vertriebene aus den ehemaligen deutschen Ostgebieten (West-Berlin insg. 2,2 Mio Einwohner). Sie lebten in Flüchtlingslagern, in Privatunterkünften, zeitweise auch auf der Straße.

Das Notaufnahmelager Marienfelde um 1961
Erbaut in den Jahren 1952 bis 1955,
im damaligen Berliner Bezirk Tempelhof, Ortsteil Marienfelde gelegen,
zwischen Marienfelder Allee, Kaiserallee, Beyrodtstraße
und Stegerwaldstraße.
Nach dem Mauerbau wurde 1962 ein Teil des Lagers
in Mietwohnungen umgewandelt. Foto: Landesarchiv Berlin

Antragsteller im Notaufnahmeverfahren, 1949 bis 1961
Bundesweit registrierte Flüchtlinge aus der DDR

Bundesministerium für gesamtdeutsche Fragen,
zitiert nach: W. Maibaum: Geschichte der Deutschlandpolitik, Bonn 1998

1949	129 245 [1]	**1952**	182 393	**1955**	252 870	**1958**	204 092
1950	197 788	**1953**	331 390	**1956**	279 198	**1959**	143 917
1951	165 648	**1954**	184 198	**1957**	261 622	**1960**	199 188
						1961	159 730 [2]

Anmerkungen:
[1] Ab September 1949; [2] 1. Januar bis 15. August 1961; insg. 2 691 270 DDR-Flüchtlinge

Nach einem Appell des (West-)Berliner Senats verstärkte die Regierung der Bundesrepublik Deutschland ihre Hilfe, und am 14. April 1953 wurde das Notaufnahmelager in Marienfelde feierlich eröffnet. Es war die zentrale Anlaufstelle für alle nach West-Berlin kommenden Flüchtlinge aus der DDR bzw. Ost-Berlin. Hier wurden die Flüchtlinge zunächst in Empfang genommen, um dann möglichst zügig das Aufnahmeverfahren zu durchlaufen. Dessen wichtigste Schritte waren:

- ärztliche Untersuchung,
- Befragung durch Geheimdienste der West-Alliierten, um Spione abzufangen oder Informationen über die DDR zu erhalten,
- Verteilung auf provisorische Unterkünfte in West-Berlin,
- Polizeiliche Anmeldung,
- Prüfung nach dem Bundesnotaufnahmeverfahren und Entscheidung über den Flüchtlingsstatus,
- Verteilung auf die Bundesländer (nur wenige Flüchtlinge konnten in Berlin bleiben),
- Ausfliegen in das zugewiesene Bundesland,
- Einweisung in die dortige zentrale Aufnahmestelle, Weiterleitung in Städte und Gemeinden, Beginn der Integration.

In der Zeit nach Gründung des Notaufnahmelagers kamen jährlich zwischen 90000 und 155000 Menschen nach Marienfelde. Trotz mehrfacher Erweiterung bzw. Umorganisation war das Lager ständig überbelegt. Über die Jahre bis zum Mauerbau war Marienfelde stets ein „Seismograph" der politischen und wirtschaftlichen Entwicklung in der DDR.

Einige Stimmen von Flüchtlingen, die vor dem 13. August 1961 das Lager durchliefen, sind nachstehend dokumentiert. Sie zeigen, daß das Wort des DDR-Propagandisten Karl-Eduard von Schnitzler: „Eine Flucht mit der S-Bahn ist vor allem eins: billig und bequem" nur ein kleiner Teil der Wahrheit war.

Erst nach dem Mauerbau wurde es in Marienfelde wieder ruhig. Nun war es auch möglich, die Ankömmlinge intensiv für ihre weitere Zukunft zu beraten. Am 1. Juli 1990 konnten schließlich die Aufnahme- und Eingliederungs-Regelungen für DDR-Flüchtlinge und -Übersiedler außer Kraft gesetzt werden.

An die Geschichte des Notaufnahmelagers Marienfelde, das Zeit seines Bestehens von rund zwei Millionen Menschen durchlaufen wurde, erinnert eine Ausstellung in Gebäuden des ehemaligen Lagers, unweit des S-Bahnhofs Marienfelde.

Mehr zur Geschichte zwischen Ost und West:
Erinnerungsstätte Notaufnahmelager Marienfelde e.V.
Marienfelder Allee 66-80, 12277 Berlin
● ***Telefon (030) 90173325*** ● ***www.enm-berlin.de***

Bahnhof Friedrichstraße, Stadtbahnsteig Richtung Westen, 1958.
Foto: Deutsche Reichsbahn

1.2 Zeitzeugen berichten: Mit der S-Bahn in den Westen

Familie J. „Ihr steht auf der Abschußliste"

In der Schule meines Mannes wurde der politische Druck auf Lehrer und Schüler ständig schärfer. Nach einer Parteiversammlung im Frühjahr 1958 kam eine Kollegin, die zwar SED-Mitglied, aber eine ganz integre Frau war, zu uns und sagte: „Heinz, es ist höchste Zeit, ihr steht auf der Abschußliste." Es kam noch ein weiterer Punkt dazu:

1957, am Ende des Jahres kam, vielleicht zwei Tage vor Ende der Schulzeit, vom Amt eine Verfügung, daß kein Lehrer mehr ohne Erlaubnis nach West-Berlin fahren durfte. Daraufhin sagte mein Mann: „Also, das ist ja ein starkes Stück." Denn wir waren über Weihnachten bei den Eltern eingeladen. Die konnten ja aus West-Berlin nicht kommen, mußten immer erst einreichen. Mein Mann hat sofort auf dem Amt angerufen und wollte den Schulrat sprechen, um sich fernmündlich die Erlaubnis zu holen. Der Schulrat hat ihn aber wissen lassen, für Herrn J. wäre er nicht zu sprechen. Da hat mein Mann gesagt: „Wenn er mich nicht sprechen will, dann will ich ihn auch nicht mehr sprechen. Dann fahren wir eben so." Wir sind gleich nach West-Berlin gefahren und über Silvester geblieben. Das haben natürlich unsere Parteifritzen im Haus mitgekriegt. Wir hatten es so satt, die vielen Quengeleien und Scherereien, daß wir uns entschlossen zu gehen. Wir entschieden uns, noch bis zu den Osterferien zu bleiben.

In der Zwischenzeit brachten wir Sachen von uns rüber. Vor allen Dingen haben unsere Kinder ihr Spielzeug zu den Großeltern nach West-Berlin rübergebracht. Die Oma ließ sich die Bücher von unserem Sohn, der war elf damals, geben, weil sie doch „so gerne" die Kinderbücher lesen wollte. Der schleppte ein Buch nach dem anderen zu Oma, auch seine elektrische Eisenbahn und zum Schluß noch seinen Trafo, weil wir ihm klargemacht haben, da wäre ein Wackelkontakt und Opa würde den Eisenbahntrafo drüben zur Reparatur bringen. Na ja, und wir nahmen natürlich auch ein bißchen von unserem Zeug mit.

Die Kinder, das Mädel war neun, der Junge elf, durften natürlich nichts von unseren eigentlichen Absichten erfahren. Obwohl man die ja zum Lügen erzogen hatte. Wenn man zum Beispiel rübergefahren ist und hat sich mal Fisch mitgebracht, dann hieß es, kurz bevor wir in Mahlow ankamen, du weißt doch, den Fisch hat uns Oma gekauft, obwohl der Junge neben mir gestanden hatte, als ich den Fisch gekauft hatte. Aber das durfte man nicht, das war ein Devisenvergehen, wir mußten unser Ostgeld in Westgeld eintauschen. Wenn wir es geschenkt kriegten, dann ging's ja noch. War zwar nicht schön, daß wir Fisch von drüben mitbrachten. Aber wenn wir selber kauften, na, das war ja nun also verheerend.

Man konnte allerdings die Schränke nicht komplett leermachen. Wir haben zum Beispiel einmal einen ganz fürchterlichen Schreck gekriegt. Da kamen sehr gute Freunde zu uns, und er machte seinen Blödsinn, ging durch's Zimmer und drehte an unserem Schrankschlüssel, sagte: „Ich wollte bloß mal gucken, ob noch alle Sachen drinhängen oder ob ihr abhaut." Und da hing wirklich bloß noch ganz wenig drin. Uns ist das Herz stehengeblieben. Mein Mann traute ja selbst den besten Freunden nicht mehr.

Eines Abends kam besagte Kollegin und warnte meinen Mann: „Heinz, es wird höchste Zeit. Ihr steht auf der Abschußliste." Wir hatten schon ein Schreiben bekommen vom Rat des Kreises, Abteilung Volksbildung, in dem mein Mann zu einer Aussprache beim Kreisschulrat geladen wurde. Wir sagten uns: das Wichtigste sind die Kinder. Die müssen in Sicherheit. Früh morgens sind wir zur Schule gegangen, haben unseren Schultag absolviert. Wir haben dann unsere Kinder genommen und sind zum Bahnhof. Die Kinder haben wir in den Zug nach West-Berlin gesetzt.

Die Strecke nach West-Berlin war eingleisig, nur Mahlow selbst hatte zwei Gleise. Da kam auf der einen Seite der eine Zug an und von der anderen Seite kam der Gegenzug, befuhr das zweite Gleis, anschließend wurden die Züge abgefertigt: zuerst der Zug nach West-Berlin. Mit Abfertigen meine ich, es standen Horden von Volkspolizisten auf dem Bahnsteig, gingen in die Züge rein und kontrollierten; einmal die

Bahnhof Friedrichstraße, Aufgang in Richtung Westen, 1958.
Foto: Deutsche Reichsbahn

Ausweise und zweitens auch Gepäck, wenn sie's für richtig hielten. Waren sie im Zug Richtung West-Berlin fertig, gingen sie raus, der Zug fuhr ab. Auf der anderen Seite wurde dann die S-Bahn nach Blankenfelde abgefertigt.

Wir hatten also die Gewißheit: fuhr der Zug ab, landeten die Kinder gut in West-Berlin, denn zwischen Mahlow und der Grenze gab es keinen Halt mehr. Wir Eltern fuhren zunächst nach Blankenfelde zum Schulrat. Der hatte aber keine Zeit, denn er führte gerade mit Abiturienten Gespräche, um ihnen eine Laufbahn als Offizier der Volksarmee schmackhaft zu machen.

Wir dachten: „Rutsch uns mal den Buckel runter, da gewesen sind wir, aber nu' fahren wir doch nach West-Berlin." Erst sind wir jedoch nach Ost-Berlin rein, haben unser letztes Geld vom Sparbuch geholt und Inlettstoff gekauft. Und dann haben wir uns also nach West-Berlin abgesetzt.

Ehepaar D.
„Mit dem Eßbesteck in der Tasche"

Damals, es war 1958, konnte man innerhalb Berlins eigentlich noch gar nicht von einer Dramatik sprechen. Wissen Sie, so banal das klingt, man hat sich 'ne S-Bahn-Fahrkarte gekauft und ist rübergefahren. Dann war man im Westen. Es wird ja häufig so dargestellt, als ob die Leute so Hals über Kopf und bei Nacht und Nebel – hat es sicher auch in vielen Fällen gegeben – geflohen sind. Das war bei uns nicht der Fall.

Also, es war schon ein etwas kalkuliertes Risiko. Wir haben ein paar Sachen per Post rübergeschickt. Pakete aufgeben in Friedrichshagen und in Köpenick, wo wir damals tätig waren; Wäsche und solche Dinge. Und dann haben wir auch vorher schon, im Dezember Eßbesteck ... rübergebracht nach West-Berlin. Das war natürlich schon 'ne Sache. Es gab ja damals Kontrollen und deshalb hat man also einfach diesen Karton oder die Tasche irgendwo hingestellt in der S-Bahn. Wenn eine Kontrolle gekommen wäre, hätte man sich nicht dazu bekannt. Die Sachen wären weg gewesen, aber ohne persönliche Gefährdung.

Wir hatten Glück. Nachdem wir ein paar Sachen drüben hatten, sind wir dann selbst gefahren. Vor unserer Flucht haben wir ein bißchen Geld umgetauscht in West-Berlin, der Kurs stand damals 1:6 oder 1:7. Jedenfalls waren wir in der stolzen Situation, im Januar 1958 (als wir in West-Berlin ankamen) über 400 Westmark zu verfügen. Die haben wir aber nicht angegeben im Flüchtlingslager. Denn sonst hätten sie uns vielleicht die zwei Mark Verpflegungsgeld pro Tag nicht zukommen lassen.

Ich weiß noch, am 22. Januar, da habe ich das letzte Mal unterrichtet, in meiner Schule, in Köpenick. Da hab' ich dann nochmal diesem und jenem Kollegen die Hand geschüttelt, stumm natürlich. Hab' mich verabschiedet. Einer Kollegin kamen die Tränen. Ich werd' das nie vergessen. Ja, und dann war ich mit meiner Frau verabredet auf dem Bahnhof Ostkreuz. Sie kam aus der Schule, war nochmals bei ihren Eltern, die hatten einen Tabakwarenladen in der Nähe des Bahnhofs, hat sich verabschiedet. Wir haben uns getroffen und sind nach West-Berlin rüber mit Zittern und Zagen. Wir sind damals bis Friedrichstraße gefahren, und von der Friedrichstraße mit der U-Bahn bis zum Wedding hoch, Seestraße. Da wohnte meine Schwester, bei der wir zunächst wohnen konnten, so daß wir also auch nicht direkt ins Lager mußten. Wir konnten im Lager sozusagen ambulant das Notaufnahmeverfahren abwickeln.

Es hätte ja doch noch etwas passieren können. Jedenfalls, als wir dann in West-Berlin waren, da hab ich zu meiner Frau gesagt, daß ich noch unsere letzten beiden Eßbestecks in der Tasche hätte. Worauf sie mich kurzerhand für verrückt erklärte. Wären wir einer Leibesvisitation unterzogen worden, wäre es schwierig gewesen, den Vopos klarzumachen, wozu ich Eßbestecke brauchte, wenn ich nur meine Schwester besuche. Ich hätte also sagen müssen, die können sich in West-Berlin kein Eßbesteck leisten oder so was. Solch leichtsinnige Dinge hat man begangen. Daran hätte die Flucht in letzter Minute noch scheitern können.

Flüchtlingslager Marienfelde, April 1960. Foto: Landesarchiv Berlin

Familie H.
„Wer viel Gepäck hatte …"

Am zweiten Weihnachtsfeiertag um Mitternacht haben wir unsere Wohnung verlassen. Normalerweise brauchten wir nur eine Stunde bis zum Bahnhof. Damals haben wir vier Stunden gebraucht. Jedes Geräusch hat uns aufgeschreckt, denn es hätte uns ja jemand sehen können, der uns kennt und sich fragt: „Was machen die denn da mitten in der Nacht auf der Straße?" Dann haben wir auf den Zug gewartet nach Erkner. Plötzlich kam eine Frau auf uns zu und sagte: „Ei, wo fahren Sie denn schon hin so früh am Morgen?" Wir waren zu Tode erschrocken und haben gesagt: „Wir fahren zur Großmutter." Die wohnte damals in Leegebruch bei einer Schwester meiner Mutter.

In Erkner sind wir nach drei bis vier Stunden Fahrt angekommen, mußten, um zur S-Bahn zu gelangen, dort durch die Sperre. Manchmal wurde abgezählt, manchmal willkürlich jemand aus der Reihe rausgegriffen. Man hat auch darauf geachtet: Wer viel Gepäck hatte, wurde von vornherein mitgenommen. Unter denen, die wenig mit sich trugen, wurde per Zufall ausgewählt. Und diese Menschen mußten sich ausziehen bis auf die Haut. Sie wurden gefilzt. Wenn irgend etwas gefunden wurde, hat man sie nicht wiedergesehen.

Ich hatte ein Netz mit so langen Bügeln über meine Schultern hängen. Da war ein Bademantel drin. Und meine Mutter hatte gesagt: „Also, wenn einer von uns gekapert wird, geht der nächste in die Bahn." Und ich habe zu meiner Mutter gesagt: „Nein, wir trennen uns nicht. Entweder wir gehen alle beide hinter Gitter oder wir schaffen es, getrennt wird nicht."

Ja, und ich ging dann mit meinem Bademantel zur S-Bahn zu. Auf einmal rief mir der Schupo hinterher – ich war so erschrocken – er sagte: „Bei der Kälte wollen Sie noch baden gehen" Und da hab' ich gesagt: „Nein, ich geh ins Hallenbad. Und wenn ich zurückkomme, melde ich mich bei Ihnen, daß ich nicht erfroren bin." Wir sind dann in die S-Bahn eingestiegen.

Wir hatten Fahrkarten gekauft bis Potsdam Stadt. Zwischendurch kamen ja Weststationen, da wollten wir aussteigen. Da habe ich zu meiner Mutter gesagt (wir saßen getrennt): „Wenn ich meine Füße so stelle, dann bewegst du dich langsam, nimmst deine Tasche ganz langsam und kommst auf mich zu zum Eingang. Und wenn ich sie so mache, dann rennst du ganz schnell raus und durch die Sperre. Denn der S-Bahnhof gehört zur DDR. Und erst wenn du dahinter bist, hinter der Sperre, dann bist du in Freiheit."

Und so haben wir es gemacht. Wir sind Savignyplatz ausgestiegen, haben die Fahrkarten einfach in das Häuschen reingeworfen und der Schaffner rief uns nach: „Sie sind verkehrt ausgestiegen! Sie müssen doch nach Potsdam Stadt." Dann ging es riesige Treppen runter. Die wurden immer länger, die nahmen kein Ende. Wir sahen unten zwei Schupos gehen. Was dann passierte ... daran kann ich mich nicht mehr erinnern. Ich weiß nur, die zwei Schupos haben uns unter den Arm genommen, ins nächstbeste Lokal geführt und zum Wirt gesagt: „Willy, bring' mal zwei doppelte Cognac für die zwei Frauen." Sie haben uns danach noch begleitet zu Bekannten in der Carmerstraße. Da sind wir eine Nacht geblieben, weil ... wir konnten nicht sofort ins Lager gehen. Sind dann erst am „dritten" Weihnachtsfeiertag früh bezeiten ins Notaufnahmelager gegangen. Und da in Marienfelde ging's durch x Instanzen. Ich kann mich nicht mehr erinnern, wie viele das waren, jedenfalls etliche.

Extrablatt

BERLINER MORGENPOST

Berlin, 13. Aug.

Ost-Berlin ist abgeriegelt

S- und U-Bahn unterbrochen An allen Sektorengrenzen Stacheldraht – Straßensperren Volksarmee rund um Berlin

In der letzten Nacht hat Ulbricht die Sowjetzone endgültig zum KZ gemacht. Um 2 Uhr 30 riegelten Volkspolizisten und Volksarmisten, die mit automatischen Waffen ausgerüstet waren, die Grenzen zwischen Ost-und Westberlin ab.

Während an allen Sektorenübergängen Stacheldrahtverhaue gezogen und mit Preßlufthämmern die Straßendecken aufgerissen wurden, gab der kommunistische Rundfunk eine Erklärung der Sowjetzonenregierung bekannt.

Danach hat die Sowjetzone in Übereinstimmung mit den Regierungen der Warschauer Vertragsstaaten beschlossen, an den Grenzen der Zone einschließlich der Grenze zu den Westberliner Sektoren Kontrollen einzuführen wie sie an den Grenzen jedes souveränen Staates üblich ist".

Diese Grenze darf nach der Erklärung der Sowjetzonenregierung von Bewohnern Ost-Berlins und der Zone nur noch mit einer besonderen Bescheinigung passiert werden.

Auf fast allen Bahnhöfen in Ost-Berlin sind starke Einheiten der Zonen-Transportpolizei postiert worden. „Volkspolizisten" und „Volksarmisten" bewachen auch die U-Bahn-Eingänge. Ebenso sind die wichtigsten Regierungs- und Verwaltungsgebäude von starken Polizeikräften besetzt worden.

Die Absperrung der Sektorengrenzen, das Aufstellen der spanischen Reiter und das Aufreißen des Straßenpflasters geschieht unter Leitung von Offizieren der sogenannten Volksarmee.

Auf der Berliner Stadtbahn beginnen und enden die S-Bahn-Züge nach und aus Richtung Osten auf Bahnsteig C des Bahnhofs Friedrichstraße. Das Hauptgebäude des Bahnhofs Friedrichstraße, das von starken Vopo-Einheiten besetzt worden ist, kann nur nach einer Kontrolle verlassen werden.

Auch die U-Bahnhöfe Potsdamer Platz, Warschauer Brücke, Walter-Ulbricht-Stadion, Nordbahnhof, Französische Straße, Oranienburger Tor sowie Jannowitzbrücke, Bernauer Straße, Rosenthaler Platz, Weinmeisterstraße und der Bahnsteig D des Bahnhofs Alexanderplatz sind geschlossen.

Auf Anweisung des Sowjetzonenministers des Innern Marohn (SED) sollen für den Verkehr zwischen Ost- und West-Berlin von sofort an folgende Bestimmungen gelten:

Für den Fußgänger- und Autoverkehr zwischen Ost- und West-Berlin bleiben folgende Übergänge geöffnet:

Kopenhagener Straße
Wollankstraße
Bornholmer Straße
Brunnenstraße-, Chausseestraße
Brandenburger Tor
Friedrichstraße
Heinrich-Heine-Straße
Oberbaumbrücke
Puschkin-Allee
Elsenstraße
Rudower Straße.

Bewohner Ost-Berlins benötigen von sofort an für den Besuch in West-Berlin eine Genehmigung ihres zuständigen Volkspolizeikreisamtes.

Der Leiter der Ostberliner Verwaltung Ebert hat in einer Bekanntmachung allen Ostberlinern, die als Grenzgänger in West-Berlin arbeiten, verboten, weiterhin ihre Beschäftigung im freien Teil der Stadt auszuüben.

Nach Auskunft der Westberliner Polizei- und Zollbehörden am Kontrollpunkt Dreilinden verläuft der Interzonenverkehr zwischen West-Berlin und der Bundesrepublik in beiden Richtungen normal und reibungslos.

Verantwortlich für den Inhalt: Rudolf Schmidt.
Druck: Druckhaus Tempelhof

Berliner Morgenpost
Extrablatt vom 13. August 1961

2. Der 13. August 1961

Erarbeitet unter Verwendung von Beiträgen in der Zeitschrift Verkehrsgeschichtliche Blätter, Jahrgang 2001

Die Situation in der DDR wurde Ende der 50er Jahre immer dramatischer: Hier fehlten Arbeitskräfte für die Ernte, dort konnten Liefertermine nicht eingehalten werden. Die medizinische Versorgung war an manchen Orten gefährdet. Die Schäden waren wirtschaftlicher Art – sie wurden auf mehrere Milliarden Mark geschätzt – und waren auch ideologisch bedenklich. Stimmungslage und Außenwirkung waren verheerend: Ein Land, dem die Menschen davonliefen, konnte kaum ein Vorbild sein.

Bereits seit Ende der 50er Jahre war über eine Sperrung der Zufahrtswege zwischen West-Berlin und dem Bundesgebiet sowie über eine Verstärkung der Grenzkontrollen, bis hin zur Abriegelung der Verbindungen von Ost- nach West-Berlin, nachgedacht worden. Dies erfolgte zwischen den Verantwortlichen in der DDR und mit der sowjetischen Führung bzw. den Verbündeten des Warschauer Paktes. Die „Berlin-Krise" war ständiges Konfliktthema zwischen Ost und West, sowohl zwischen den beiden deutschen Staaten als auch zwischen den Großmächten UdSSR und USA.

Im Sommer 1961 konnte die DDR-Führung um Walter Ulbricht schließlich die politische Führung in Moskau, an deren Spitze damals Nikita Chruschtschow stand, von der aus ihrer Sicht notwendigen Abriegelung der Westsektoren überzeugen. Ob und in welchem Umfang die Regierungen in Washington, London oder Paris davon informiert waren, bleibt offen. Zumindest hatten sie wohl geahnt, daß etwas kommen würde. Diese Spekulationen sollten aber nicht den Blick auf die unmittelbar Verantwortlichen in Moskau und Ost-Berlin und deren Handlungen verstellen.

Das derzeit zur Verfügung stehende Quellenmaterial über die internen Abstimmungen zwischen den Führungen in Moskau und Ost-Berlin bei der Vorbereitung der Maßnahmen vom 13. August 1961 ist wegen des damals hohen Geheimhaltungsgrades bis heute eher dürftig. Gesichert ist, daß während einer Tagung der ZK-Sekretäre der Bündnisparteien aller Staaten des Warschauer Paktes vom 3. bis 5. August 1961 in Moskau die offizielle Forderung erhoben wurde, das Deutschlandproblem dadurch zu lösen, daß ein Friedensvertrag mit zwei deutschen Staaten und einer „Freien Stadt Westberlin" als einer „besonderen politischen Einheit" abzuschließen sei. Damit in Zusammenhang stand die Bereitschaft der Sowjetunion, einer verstärkten Kontrolle der Westgrenzen der DDR zuzustimmen, insbesondere der wegen Berlins Viermächtestatus weitgehend offenen Grenze West-Berlins sowohl zum sowjetischen Sektor als auch zur DDR, dem Gebiet der sowjetischen Zone.

2.1 Die Grenzen zu West-Berlin werden abgeriegelt

Auf ihrer 19. Tagung am 11. August 1961 billigte die DDR-Volkskammer einen Ministerratsvorschlag, nach dem „geeignete Maßnahmen gegen Menschenhandel, Abwerbung und Sabotage zu treffen" seien. Noch am gleichen Tage erörterten ministerielle Führungsstäbe die „Konsequenzen der Volkskammersitzung". Presse und Funk verbreiteten den Beschluß des Ministerrats der DDR, wonach „zur Unterbindung der feindlichen Wühltätigkeit der revanchistischen Kräfte Westdeutschlands und Westberlins ... eine solche Kontrolle an den Grenzen der DDR einschließlich der Grenze zu den Westsektoren von Groß-Berlin" eingeführt wird, „wie sie an den Grenzen jedes souveränen Staates üblich ist ... An den westberliner Grenzen ist eine verläßliche Bewachung und wirksame Kontrolle zu gewährleisten."

Die Leitung der gesamten Aktionen lag in den Händen des ein Jahr zuvor gebildeten Nationalen Verteidigungsrats der DDR (NVR). Trotz äußerster Geheimhaltung waren in den Wochen zuvor schon Gerüchte von der bevorstehenden Errichtung eines Zaunes oder einer Mauer um Berlin in Umlauf – was die Anzahl der „Republikflüchtlinge" noch einmal drastisch anschwellen ließ.

S-Bahn-Eingang Potsdamer Platz, 14. August 1961:
Angehörige der Nationalen Volksarmee der DDR verlegen Stacheldraht.
Foto: Landesarchiv Berlin

Potsdamer Platz, Blick in Richtung Norden am 18. Mai 1963 und ...

Die vorhandenen zugänglichen Dokumente lassen den Schluß zu, daß es „zur Wahrung der Konspiration" offenbar nur wenige untersetzte Planungen und Vorbereitungen vor dem 12. August 1961 gegeben hatte. Die Befehlsfolge ging unmittelbar vom engen Führungskreis des NVR aus, die Weisungen gelangten innerhalb kürzester Vermittlungs- und Weitergabezeiten zu den Ausführenden. Einige Befehle wurden offenbar erst nach mündlicher Erteilung schriftlich niedergelegt. Die detaillierte Umsetzung einzelner Befehle gestalteten die Verantwortlichen verschiedener Sachgebiete auf der Basis einer allgemeinen Order. Die Koordination der Vorbereitung übertrug Walter Ulbricht dem Sekretär für Sicherheitsfragen im Politbüro, Erich Honecker.

Das territoriale Grenzregime für die Abriegelung West-Berlins hatte sein Vorbild in der „Tiefensicherung" der Demarkationslinie zur Bundesrepublik, die seit Juni 1952 praktiziert und beständig ausgebaut worden war. So sollte sich auch die Grenze zu West-Berlin gliedern in Kontrollstreifen, Schutzstreifen und Sperrzone. Die ersten Maßnahmen am Ring um Berlin (eine am 1. April 1948 im Osten eingeführte Bezeichnung für den Kontrollring an der äußeren Stadtgrenze von Groß-Berlin) und an

... Blick in Richtung Osten am 21. Mai 1963. Fotos: Landesarchiv Berlin

den Sektorengrenzen orientierten jedoch auf eine möglichst rasche lückenlose Abriegelung ohne Tiefenstaffelung. In der vordersten Linie wurden Deutsche Grenzpolizei, Volks- und Transportpolizei und die Betriebskampfgruppen eingesetzt. Die Verbände der Nationalen Volksarmee (NVA) dienten dagegen als Rückendeckung der unmittelbar an der Grenze eingesetzten Kräfte. Sie sollten nur im Falle einer Eskalation eingesetzt werden; ansonsten galt es, eine etwaige Berührung mit Teilen der westalliierten Truppen unbedingt zu vermeiden.

Die Befehle werden ausgegeben

Einen Tag vor dem Mauerbau, am 12. August 1961 um 16.00 Uhr, unterzeichnete Walter Ulbricht als Vorsitzender des Nationalen Verteidigungsrats die unter Leitung von Erich Honecker vorbereiteten Befehle für die Absperrmaßnahmen an den Grenzen Ost-Berlins und der DDR zu West-Berlin und der Bundesrepublik Deutschland; zu diesem Zeitpunkt waren die Militäreinheiten bereits abmarschbereit.

Welche fieberhaften Aktivitäten die Vorbereitungen auf den Tag „X" in den einzelnen Kommandozentralen auslösten, läßt sich nur erahnen.

Der damalige Minister des Innern der DDR, Karl Maron, erließ drei Befehle, die den Stäben der Deutschen Grenzpolizei, der Deutschen Volkspolizei und der Transportpolizei als Geheime Verschlußsache übergeben wurden. (Daß die Vorbereitungen für den Mauerbau u.a. in der Ost-Berliner Mauerstraße, dem Sitz des Ministeriums des Innern, getroffen wurden, ist ein kurioser Zufall.)

Der Befehl Nr. 1/61 vom August 1961 kündigte mit einer sogenannten „X"-Zeit die Sperrmaßnahmen an. Die Chefs der Bezirksbehörden der Deutschen Volkspolizei (BdVP) wurden u. a. angewiesen

- eine erhöhte Arbeitsbereitschaft der Stäbe herzustellen,
- die Einsatzbereitschaft der diensthabenden Einheiten zu erhöhen und diese in ständiger Gefechtsbereitschaft zu halten sowie
- die Kontrollen auf den Zufahrtsstraßen nach Berlin verstärkt durchzusetzen.

Die Chefs der Bezirksbehörden der Deutschen Volkspolizei (BdVP) in Potsdam und Frankfurt (Oder) hatten verstärkt Maßnahmen zur „Verhinderung von unberechtigtem Überschreiten der Grenze nach West-Berlin einzuleiten. Desgleichen wurden die Chefs der Grenzbezirke an der sogenannten Staatsgrenze West zur Einleitung von Maßnahmen zur verstärkten Einhaltung der Grenzordnung aufgefordert.

Der Befehl Nr. 2/61, datiert vom 12. August 1961, war an die Deutsche Grenzpolizei gerichtet und enthielt dataillierte Befehle. Danach war im Bereich der 5. Grenzbrigade mit „X" + 30 Minuten Gefechtsalarm auszulösen und die Grenzsicherung am „westlichen Außenring" (das war die Grenze zwischen West-Berlin und dem Bezirk Potsdam) und am „Ring des demokratischen Berlin" zu organisieren bzw. zu verstärken. Im gleichen Zeitraum sollten die nachfolgend genannten Kontrollpunkte (KP) und Grenzkontrollämter (GKA) geschlossen und mit Pioniermitteln gesperrt werden:

Kontrollpunkte:
Glienicke-Nordbahn (Straße), Staaken (S-Bahn), Düppel (Straße), Seehof (Straße).

Grenzkontrollämter:
Hohen Neuendorf (S-Bahn), Stolpe Süd (S-Bahn),
Griebnitzsee (S-Bahn, außer Fernbahn), Dreilinden (S-Bahn),
Teltow (S-Bahn), Mahlow (S-Bahn).

An den Straßen- und Eisenbahnpassierpunkten (Kontrollpassierpunkte, KPP) an der Grenze zu Ost-Berlin waren verstärkte Kontrollen durchzuführen. Ab sofort waren grundsätzlich alle in Ost-Berlin ein- und ausfahrenden Reisezüge intensiv zu kontrollieren.

Der Befehl Nr. 3/61 des Ministers des Innern der DDR, Karl Maron, wurde ebenfalls am 12. August 1961 erlassen. Darin waren dem Präsidenten der Volkspolizei Berlin, dem auch die Transportpolizei unterstand, besondere Maßnahmen für den Raum Berlin auf dem Gebiet der Deutschen Reichsbahn und der U-Bahn befohlen worden.

Auszug aus dem Befehl Nr. 3/61 des Ministers des Innern der DDR, Karl Maron, vom 12. August 1961 zur Veränderung des Verkehrsnetzes in Berlin

Zur Durchführung der Kontroll- und Sicherungsaufgaben

BEFEHLE ICH,

1. Der Kommandeur des Transportpolizeiabschittes Berlin ist verantwortlich für die Durchführung der Kontroll- und Sicherungsmaßnamen des Reise- und Güterverkehrs an der Grenze von der Deutschen Demokratischen Republik nach Westberlin und vom demokratischen Berlin nach Westberlin im Fernverkehr, S-Bahnverkehr, U-Bahnverkehr. Die Hauptanstrengung ist auf den Sicherungsbereich des Transportpolizeiamtes Ostbahnhof zu richten.

2. Die Kontroll- und Sicherungsmaßnahmen sind mit der Aufgabe durchzuführen: (...)

b) im S-Bahnverkehr:

Durchführung von Kontrollmaßnahmen zur Verhinderung, daß Bürger der Deutschen Demokratischen Republik und des demokratischen Berlin ohne Genehmigung nach Westberlin fahren. Durchführung von Sicherungsmaßnahmen zur Aufrechterhaltung der Ordnung und Sicherheit auf den Übergangs- und Endbahnhöfen sowie auf den Bahnhöfen der Strecken des Pendelverkehrs in den Randgebieten Berlins und an den Grenzübergängen im demokratischen Berlin. Sicherung der auf der Nord-Süd-Strecke für den Publikumsverkehr gesperrten Bahnhöfe zur Verhinderung des unberechtigten Ein- und Aussteigens.

c) im U-Bahnverkehr:

Sicherung des U-Bahnhofes Friedrichstraße, um zu verhindern, daß Bürger der Deutschen Demokratischen Republik und des demokratischen Berlin die U-Bahn ohne Genehmigung zur Einreise nach Westberlin benutzen. Sicherung des U-Bahnhofes Potsdamer Platz zur Gewährleistung, daß jeglicher Publikumsverkehr in Richtung Osten unterbleibt. Ein- und Ausgänge des Bahnhofes in Richtung demokratisches Berlin sind zu schließen. Sicherung der Bahnhöfe im demokratischen Berlin, die für den Publikumsverkehr gesperrt sind, zur Verhinderung des unberechtigten Ein- und Aussteigens. Sicherung des U-Bahnhofes „Thälmannplatz" zur Gewährleistung, daß jeglicher Verkehr aus Richtung Pankow hier endet. (...)

3. Erforderlich sind:

Einrichtung eines KPP [Kontrollpunktes, d. Red.] auf dem Bahnhof Friedrichstraße (Fernbahn, S-Bahn, U-Bahn). Einrichtung von Sicherungsstützpunkten auf den Bahnhöfen Schönhauser Allee, Treptower Park, Alexanderplatz und U-Bahnhof Potsdamer Platz. Einsatz von Sicherungsposten auf den für den Publikumsverkehr gesperrten S- und U-Bahnhöfen sowie auf den Bahnhöfen der Strecken mit Pendelverkehr. (...)

9. Auf dem Bahnhof Friedrichstraße ist ein Filtrierpunkt einzurichten und durch Kräfte des Abschnittes Berlin die Zuführung, Vernehmung und weitere Veranlassung zugeführter Personen zu gewährleisten. (...)

10. Die Kommandeure und Polit-Organe haben in Verbindung mit den Partei- und FDJ-Organisationen eine verstärkte politisch-ideologische Arbeit unter den Offizieren, Unterführern und Wachtmeistern durchzuführen. Es ist zu gewährleisten, daß alle Befehle und Dienstvorschriften konsequent und gewissenhaft erfüllt und keine Verletzungen der Geheimhaltung zugelassen werden. (...)

11. Die Bewaffnung und Ausrüstung der zur Sicherung und Kontrolle eingesetzten Kräfte erfolgt:

– für Kräfte auf Bahnhöfen mit Pistole, Schlagstock, Schirmmütze;

– für Kräfte am Grenzübergang mit taktischer Bewaffnung. (...)

13. Als Grundlage für den Gebrauch von Schußwaffen gilt mein Befehl 39/60.

Margot G.
„Keine Fahrkarten mehr"

Damals war ich 27 Jahre alt und mir ging es eigentlich recht gut. Ich hatte immer schon im „Osten Berlins" gelebt, in Adlershof, im Stadtbezirk Treptow. Ich hatte mit Mutter und Schwester den Krieg überlebt. Vater war gefallen, unser Zuhause total ausgebombt. 1955 hatte Mutter endlich wieder eine eigene Wohnung bekommen, ich hatte geheiratet und einen Sohn. Ich hatte meinen Beruf als Industriekaufmann und arbeitete als technische Kalkulatorin im Kabelwerk Köpenick. Uns ging es gut, meine kleine Familie hatte die erste eigene Wohnung bezogen. Eine „AWG-Wohnung" (Arbeiter-Wohnungsbaugenossenschaft). Beide arbeiteten, das Kind ging in den Kindergarten, und wir waren gesund.

Damals war mein Mann auf einer Dienstreise, meine Mutter zur Kur und auch mein Sohn war irgendwo auf Reisen, zur Erholung. Der 13. August war ein wunderschöner Sonnen-Sonntag, und ich langweilte mich ein wenig. Meine Großmutter lebte damals noch, sie lebte in Tegelort, in West-Berlin. Bei dem schönen Wetter wollte ich sie besuchen und mit ihr ein bißchen am Tegeler See spazierengehen.

So gegen Vormittag machte ich mich auf den Weg zum S-Bahnhof. Es war ziemlich ruhig am Bahnhof und ich wunderte mich schon, daß nicht mehr Leute unterwegs waren. Radio hatte ich nicht gehört, ich befand mich in einer wunderschönen „Luftblase" und hatte von nichts eine Ahnung.

„Ich möchte eine Hin- und Rückfahrkarte nach Tegel."

„Gibt es nicht."

„Doch, ich fahre doch sonst auch immer mit der S-Bahn!"

Die Fahrkartenverkäuferin sagte: „Ich kann Ihnen keine Fahrkarte nach West-Berlin verkaufen."

„Warum denn nicht?" Mir traten schon die Tränen in die Augen, denn ich konnte mir überhaupt nicht erklären, warum ich nun heute meine Großmutter nicht besuchen sollte!

Ein jüngerer Mann, der mich beobachtet hatte, zog mich zur Seite: „Haben Sie keine Nachrichten gehört? Die Grenze ist geschlossen!"

Es dauerte eine Weile, bis ich begriffen hatte, was der Mann da zu mir gesagt hatte.

Auf einmal hatten politische Tagesereignisse auch für mich die alleraktuellste Bedeutung. Ich, die mit Politik gar nichts zu tun haben wollte und nur für meine kleine Familie lebte und die nur noch der Beruf interessierte. Da hatte mich die Politik überrollt, sie hatte in mein persönlichstes Leben eingegriffen und brachte mich dazu, jetzt Nachrichten zu hören und Gespräche zu führen, die meine persönliche Entwicklung einen großen Schritt weiter führten.

Jahrelang konnte ich meine beiden Großelternpaare nicht mehr besuchen, der Tod meiner Großmutter, kurz vor dem 60. Geburtstag meiner Mutter, brachte besonders tragisch die skurrile Grausamkeit des Regimes zum Tragen. Weder Mutter noch wir Töchter durften zur Beerdigung.

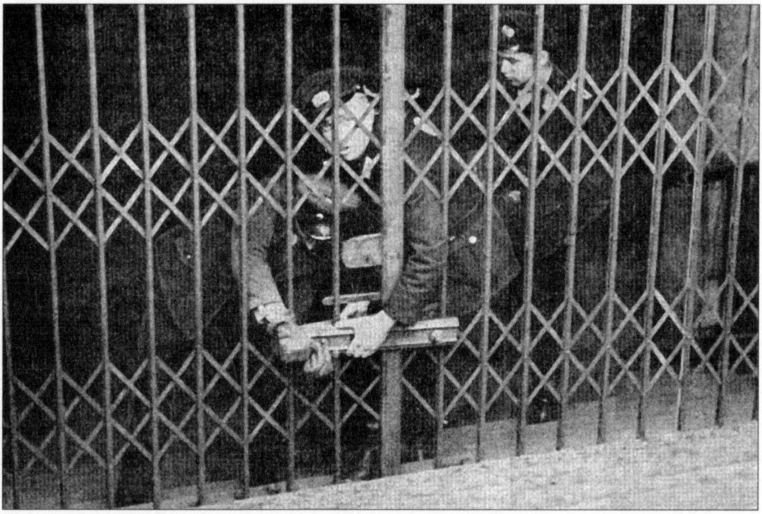

Nach den Grenzsperrungen wurden die Scherengitter an den Zugängen zum S-Bahnhof Potsdamer Platz mit Schienenlaschen verschlossen. Foto: „Der Abend", Archiv S-Bahn-Museum

2.2 Gespaltenes Netz – gespaltene Stimmung

Nicht nur beim Angebot der Linien und der Zugzahl kam es infolge der Abriegelung der Grenzen zu West-Berlin zu Veränderungen, die Teilung hatte auch spürbare Auswirkungen auf den Fahrzeugpark der S-Bahn, dessen Umfang und dessen Stationierung in Ost und West. Insgesamt wurden weniger Fahrzeuge benötigt. Ein seit den 50er Jahren geplanter und mit der Baureihe 170 (Prototyp) begonnener Neubau von Zügen wurde überflüssig. Es konnten nun sogar ältere Fahrzeuge ausgemustert und teilweise für den Bau von U-Bahnwagen für die Ostberliner U-Bahn-Linie E (heute U5) genutzt werden. Infolge des Mauerbaus kam es auch zu Umstationierungen von S-Bahn-Zügen. So wurden alle mit Sitzpolstern versehenen Züge aus West-Berlin abgezogen, die Zahl der im Zusammenhang mit dem S-Bahn-Boykott zerstörten Sitze war einfach zu groß.

Auch beim Personal kam es in der ersten Zeit zu erheblichen Problemen, da nun kaum mehr ein DDR-Bürger in West-Berlin arbeiten durfte. Personalumsetzungen oder neue Strukturen für DR-Dienststellen, später auch eine schleichende Schrumpfung der Zahl der Planstellen waren die Folge. Allerdings gab es auch weiterhin Personal, das ungehindert in die eine wie in die andere Richtung die Grenze überqueren durfte, insbesondere technische Spezialisten (z.B. aus dem Bahnstromwerk).

Die S-Bahn-Linien bis zum 13. August

Bis zum Mauerbau war der S-Bahn-Betrieb ungeteilt und wurde einheitlich von der Deutschen Reichsbahn durchgeführt. Die Züge verkehrten über die Sektorengrenzen, wurden dabei allerdings kontrolliert. Die Linienführung orienterte sich weitgehend an den Fahrgastbedürfnissen, nicht an politischen Erwägungen. Auf der Stadt- und der Ringbahn gab es eine Vielzahl durchgängiger Verbindungen. Die größere Linienzahl auf der östlichen Stadtbahn entsprach der größeren Nachfrage. Auch die Verbindungen über die Nord-Süd-S-Bahn reichten weit ins Umland hinaus. Lediglich die Verbindung Warschauer Straße–Blankenburg (Zuggruppe K), die den in West-Berlin gelegenen Bahnhof Gesundbrunnen umfuhr und so den Raum Pankow direkt an das östliche Stadtzentrum anschloß, kann als ein Ergebnis der politischen Spaltung betrachtet werden.

Der Abend des 12. August 1961 begann in der Oberdispatcherleitung der S-Bahn wie auch auf den Bahnhöfen und Stellwerken entlang der Strecken zunächst normal. Dann wurden den Mitarbeitern durch ihre Vorgesetzten versiegelte Umschläge übergeben, die zu einem festgelegten Zeitpunkt zu öffnen waren. Bauzüge wurden angekündigt. Gegen 1 Uhr wurde mehr oder weniger schlagartig der durchgehende S-Bahn-Verkehr zwischen West- und Ost-Berlin bzw. dem Umland unterbrochen. Angerückte Bautrupps begannen Stromschienen abzubauen und Gleise zu entfernen. Die Eisenbahner in Ost und West, mit der neuen Lage konfrontiert, agierten so wie immer in außergewöhnlichen Situationen: Befehle wurden ausgeführt, die notwendigen Entscheidungen getroffen, der Verkehr so weit es ging am Laufen gehalten. Nur wenige waren in die Vorbereitungen eingeweiht worden.

Probleme bereitete auf der Stadtbahn das Wenden von Zügen im Bahnhof Friedrichstraße, da dieser nicht für die neuen Aufgaben vorbereitet war. Es brauchte Tage, bis sich in Ost und West die neuen, kurzfristig erstellten Fahrpläne und Linienführungen eingespielt hatten.

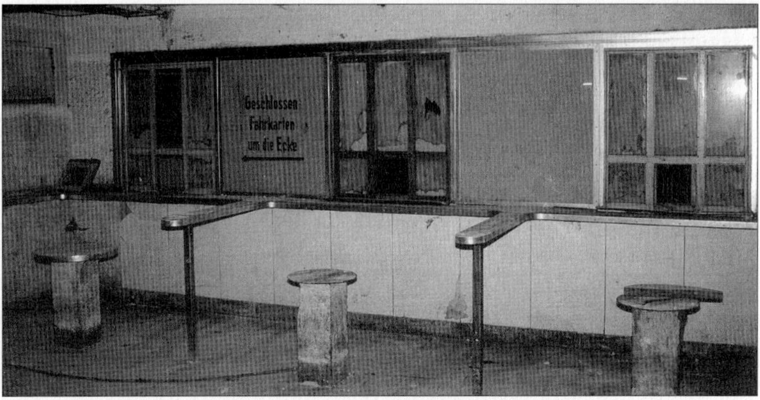

S-Bahnhof Potsdamer Platz, Zwischengeschoß 1990:
Neben Stacheldrahtrollen fand sich hier Mobliar, das die Zeit seit 1961 offenbar überdauert hatte. Fotos: Archiv S-Bahn-Museum

„Potsdamer Platz unten"

... In der Nacht vom 12. zum 13. August hatte Stellwerksmeister Günter Kuba im S-Bahnhof Potsdamer Platz Dienst und erlebte die überraschende Abschottung seines Staates und seiner Stadthälfte life im Untergrund:

„Der erste Anruf kam ... vom Dispatcher in Lichtenrade. Der erzählte, daß dort ein Bauzug angekommen sei, der die Gleise abbaue. ‚Was? – das ist doch unmöglich', rief ich. ‚Vor Betriebsschluß finden nie Reparaturen statt.' Daraufhin haben wir den Oberdispatcher gefragt, und der hat tatsächlich gesagt: ‚Geht in Ordnung. Alle Züge auf der Nord-Süd-Strecke fahren ab sofort nur noch zwischen Potsdamer Platz und Nordbahnhof.' Das bedeutete, nur innerhalb Ost-Berlins. Alle West-Berliner mußten Potsdamer Platz aussteigen und nach oben gehen. Warum, weshalb wußten wir in diesem Moment nicht, es sagte uns auch niemand etwas. Also entschloß ich mich, nach oben zu gehen und selbst nachzusehen. Die Bahnhofsaufsicht erzählte, daß Kampfgruppen gekommen seien und die Straßen aufreißen würden. Und tatsächlich arbeiteten auf dem Potsdamer Platz welche, drehten Pflastersteine raus und stellten Zaunpfähle auf ... Als ich wieder runterkam, pendelten die S-Bahnen nur noch zwischen Potsdamer Platz und Nordbahnhof hin und her, aber planmäßig. Und morgens, als wir Feierabend hatten, das war dann Sonntagmorgen um 10.00 Uhr, mußten wir nach Hause laufen. Da fuhr dann gar nichts mehr."

Offiziell gab das Ministerium für Verkehrswesen der DDR bekannt, daß die Unterbrechung der Bahnverbindungen nur vorübergehend sei: „Diese Maßnahmen tragen vorläufigen Charakter und bleiben in Kraft bis zum Abschluß eines Friedensvertrages." Dazu kam es aber nie. Im S-Bahnhof Potsdamer Platz erschienen keine Passagiere mehr; sie konnten es auch nicht, denn alle Ausgänge wurden systematisch vergittert oder zugemauert. Im großen Umsteige-Zwischendeck bezogen statt der Blumenhändler und Zeitungsverkäufer zunächst die Kampfgruppen Quartier. Ihnen folgten die Streifenposten der Grenztruppen. Der einst verkehrsreichste Platz der Spreemetropole verwandelte sich nun vollends in gespenstisches Niemandsland ...

Aus: Arnold, Dietmar: Der Potsdamer Platz von unten; Berlin 2001

Die S-Bahn-Linien nach dem 13. August

Die vollzogene Teilung Berlins führte über Nacht zu einer kompletten Spaltung des S-Bahn-Netzes in zwei Hälften. Viele Linienführungen und die Fahrpläne mußten umgestellt werden. Hilfreich war dabei, daß schon 1953 und 1954, lange vor dem Bau der Mauer, Sonderbuchfahrpläne für einen getrennten Verkehr in West- und Ost-Berlin aufgestellt worden waren. Viele Linienführungen, die nach dem 13. August 1961 reaktiviert wurden, waren damals so (oder ähnlich) bereits vorbereitet worden.

In **West-Berlin** wurden die Linien i. d. R. verkürzt und endeten nun am letzten Bahnhof vor der Stadt- bzw. Sektorengrenze. Die bis dato „Strekke ohne Ende" – die Ringbahn – erhielt nun Endpunkte. Der Bahnhof Friedrichstraße wurde für beide Seiten zum Endbahnhof. Von Westen her konnte man weiterhin zur Nord-Süd-S-Bahn umsteigen, die als westliche „Transitstrecke" unter Ost-Berlin hindurch in Betrieb blieb, deren Bahnhöfe aber wurden (Ausnahme Bahnhof Friedrichstraße) gesperrt.

Die Streckenäste in das frühere Umland wurden überwiegend kurze Zeit nach dem Mauerbau stillgelegt. Auf den Abschnitten Hennigsdorf–Velten und Hohen Neuendorf–Oranienburg konnten sie wegen vorhandener Wartungsanlagen (Triebwagenhallen Velten und Oranienburg) jedoch weiterbetrieben werden.

In **Ost-Berlin** wurde der Bahnhof Friedrichstraße ebenfalls zum Kopfbahnhof. Da seine Kapazität zum Kehren so vieler Züge nicht ausreichte, wurden die Stationen Alexanderplatz, Ostbahnhof und Warschauer Straße für einige Linien zum Endpunkt. Der Nord-Süd-Verkehr wurde über den Ostring umgeleitet. Um Oranienburg wieder leistungsfähig mit Ost-Berlin zu verbinden, entstand innerhalb weniger Monate eine Gleisverbindung zwischen Blankenburg und Hohen Neuendorf. Die einzige betriebliche Verbindung zwischen den beiden Teilnetzen bestand nun über die elektrifizierten Fernbahngleise am Bahnhof Friedrichstraße. Sie diente ausschließlich der Überführung von S-Bahn-Fahrzeugen zum Reichsbahn-Ausbesserungswerk (Raw) Schöneweide.

Beim Fahrplan-Angebot und dem Fahrzeugeinsatz setzte nach dem 13. August 1961 eine allmähliche Auseinanderwicklung zwischen West und Ost ein. In **West-Berlin** fielen verschiedene Berufsverkehrslinien weg, dennoch hielt die Reichsbahn – wohl aus politischen Gründen – das verbliebene Fahrplanangebot noch längere Zeit aufrecht. Abstriche wurden vor allem bei der Zuglänge gemacht. So waren ab Anfang der 70er Jahre nahezu durchgängig nur noch Halbzüge in Einsatz. Auch dieses Angebot war für die deutlich zurückgegangene Fahrgastzahl allerdings mehr als ausreichend. Man sprach von täglich nur noch ca. 100 000 S-Bahn-Fahrgästen in West-Berlin.

In **Ost-Berlin** behielt die S-Bahn ihre überragende Rolle als Verkehrsmittel für Stadt und Region. Das Strecken- und Linienangebot wurden nach 1961 ausgebaut. Neben der neuen Verbindung nach Oranienburg sind hier die Anbindung nach Schönefeld und später die Strecken in die nordöstlichen Großsiedlungen zu nennen. Durch den Verkehrsrückgang in West-Berlin und durch das reduzierte Streckennetz wurden ältere Fahrzeuge überflüssig (S-Bahn-Baureihen 168 und 169).

Titelmotiv des letzten Fahrplans der S-Bahn vor der Teilung des Netzes. Archiv U. Dittfurth

Aus internen Situationsberichten

Der 13. August und die Tage und Wochen danach waren eine angespannte Zeit. Aus Furcht vor Demonstrationen oder unkontrollierten Grenzdurchbrüchen wurde die Präsenz von Volkspolizei, Nationaler Volksarmee (NVA), Staatssicherheit und anderen parteitreuen Kräften in und um Ost-Berlin massiv verstärkt. Vor allem die Bahnhöfe als Ort des Zusammentreffens vieler Menschen und bis dato auch Ausgangspunkt vieler Fluchten nach dem Westen, bildeten dabei einen Schwerpunkt. Neben den Angehörigen von Volkspolizei, Transport- oder Grenzpolizei wurden auch Agitationsgruppen der Partei und der Massenorganisationen eingesetzt, um zu informieren – d.h. zu agitieren – um Unruhen möglichst frühzeitig zu erkennen und im Keime zu ersticken.

Die folgenden ausgewählten Auszüge aus internen Situationsberichten der Betriebsparteiorganisation der SED geben ein Bild:

13. August, 6.00 Uhr

„Bis 5.30 Uhr waren insgesamt 28 Bahnhöfe mit Agitationsgruppen in Stärke von 4 bis 5 Genossen besetzt. Alle für den öffentlichen Verkehr gesperrten Bahnhöfe sowie die Sektorenübergänge sind ebenfalls mit Agitationsgruppen besetzt, die auch im Besitz der Flugblätter sind und laufend zur Verteilung gelangen.

Die Schwerpunktbahnhöfe der S-Bahn, wie Friedrichstraße, Alexanderplatz, Ostbahnhof usw. wurden durch weitere Agitatoren verstärkt …"

13. August, 7.10 Uhr

„… Von den Bahnhöfen wird berichtet: Bahnhof Friedrichstraße um 6.00 Uhr noch Anlaufschwierigkeiten mit der S-Bahn. Genosse Kramer *(Erwin Kramer, damals Verkehrsminister der DDR, d. Red.)* persönlich eingetroffen und leitet die entsprechenden Maßnahmen. Zwischen 5.00 und 6.00 Uhr kein Zugverkehr zwischen Ostbahnhof und Friedrichstraße.

Zur Situation:

Im allgemeinen wird von den Bahnhöfen Schönhauser Allee, Ostbahnhof, Alex berichtet, daß die Bevölkerung sehr aufmerksam die Flugblätter liest und sich im allgemeinen ruhig verhält. Auf der S-Bahn auf der Strecke von Alex bis Friedrichstraße verhielten sich die Fahrgäste ruhig. Eine Gruppe Jugendlicher begann dann auf dem Bahnhof mit Provokationen. So z.B.: ‚Jetzt habe ich nun meine paar Pimperlinge drüben und komme nicht mehr ran. Das ist also die Demokratie, die kommt heute so richtig zum Ausdruck.' Zur Genossin S. äußerten sie: ‚Sie gehören wohl auch zu der Sorte!'

Gegen 5.45 Uhr waren ca. 300 Menschen auf dem Bahnhof Friedrichstraße. Typisch war auch hier, daß die Jugendlichen provozierten. (...)

- Bahnhof Treptow: Ca. 8 Jugendliche sangen in angetrunkenen Zustand ‚Oh, du wunderschöner Rhein ...' (Wurden durch die Agitationsgruppe vom Bahnhof gebracht.)
- Bahnhof ‚Alex': Vier Jugendliche zerrissen das Flugblatt und spuckten darauf. Agitationsgruppe setzte sich auseinander ..."

13. August, 8.45 Uhr

„Die Mehrheit der Bevölkerung im Bereich der Bahnhöfe usw. verhält sich ruhig. Es werden viele Fragen über die Verkehrsverbindungen – meist ruhig und sachlich – gestellt. Direkte Meinungsäußerungen sind verhältnismäßig nicht sehr häufig. (...)

- S-Bahnhof Baumschulenweg, eine ältere Bürgerin: Sie begrüßt die Maßnahmen, obwohl ihr Sohn, den sie aus Potsdam erwartet, sie jetzt nicht besuchen kann. (...)
- Bahnhof Bornholmer Straße: Ein Bürger trat provokatorisch auf: Die DDR solle endlich das Potsdamer Abkommen einhalten. Bei der Diskussion mit einem Genossen des ZK *(Zentralkomitee der SED, d. Red.)* sagte er diesem unter Hinweis auf sein Parteiabzeichen: ‚Du bist für mich ein dreckiger Zivilist.' Der Genosse gab ihm ein paar kräftige Ohrfeigen, worauf der Provokateur verschwand. (...)
- Bahnhof Friedrichstraße: Hier bildet sich durch unregelmäßigen Zugverkehr in Richtung Ostbahnhof eine Ansammlung von Menschen, bei denen es auch Verärgerung gibt. Eine Ursache größerer Verärgerung ist u.a., daß die Bahnpolizei und die Angestellten der Reichsbahn keine exakte Auskunft über die Zugverbindungen geben können und die Menschen teilweise hin- und hergeschickt werden. (...)"

13. August, 15.15 Uhr

„... Einige Informationen der Reichsbahndirektion: Die Eisenbahner zeigen überwiegend eine gute Arbeitsdisziplin und Einsatzbereitschaft.

Es gibt einzelne Fälle, wo Westberliner Eisenbahner nicht ihren Dienst aufnehmen. Auf Westberliner Gebiet gibt es eine Reihe von Erscheinungen der Feindarbeit. Mehrfach wurden Reisende und Angestellte der Reichsbahn von Rowdies angepöpelt und belästigt. Es fallen dabei solche Bemerkungen: Wer mit der S-Bahn fährt, müßte erschlagen werden, nun sollen die Amis losschlagen. Eine ganze Anzahl solcher Erscheinungen zeigen aber auch, daß andere Reisende gegen solches Rowdytum Stellung nehmen.

Bei Westberliner Eisenbahnern treten Diskussionen auf, was nun mit dem Lohnumtausch wird, wenn der Westberliner Magistrat Gegenmaßnahmen beschließt. In diesem Zusammenhang wird in einzelnen Fällen geäußert, daß sie ... ihre Arbeit bei der Reichsbahn aufgeben würden."

Bericht aus West-Berlin vom 17. August

„... Die Arbeitsaufnahme im Raw *(Reichsbahnausbesserungswerk, die Red.)* Grunewald und Raw Tempelhof war am 14. August sehr zögernd. Am nächsten Tag waren die Kollegen wieder pünktlich an ihrem Arbeitsplatz. Es zeigt sich aber eine ablehnende Haltung gegenüber unseren Genossen.

In der Diskussion mit den Kollegen im Raw spielt die Frage des 100%igen Umtausches in Westgeld die Hauptrolle. Es gibt Meinungen, daß der Senat durch Westgeldentzug Arbeitskräfte der Rbd *(Reichsbahndirektion, die Red.)* für die Betriebe abziehen will und die Westmächte die Oberhoheit der Reichsbahnbetriebe in Westberlin übernehmen sollen. Im Raw Grunewald wurden auf den Bändern Bilder aus der ‚BZ' angebracht, in denen die Maßnahmen der Regierung der DDR in Mißkredit gebracht werden. Die Genossen rissen diese Bilder ab. In einem Fall konnten sie einen Kollegen überzeugen, das Bild selbst herunterzunehmen.

Die Schwester der Sanitätsstelle im gleichen Betrieb erklärte, die Grenzsperre wäre schlimmer als am 17. Juni und brachte zum Ausdruck, daß es zu harten Zusammenstößen im Betrieb kommen wird.

Das SPD-Mitglied R. – Raw Tempelhof – gab seine Arbeit auf mit der Begründung, daß er die Maßnahmen der DDR ablehnt. Bei einem Mitglied unserer Partei im gleichen Betrieb zeigte sich eine solche Einstellung: ‚In 8 Jahren hat die SED nicht verstanden, das Bewußtsein der Menschen zu verändern, so daß sie jetzt mit Kanonen gegen sie vorgehen müssen.' (...)"

„Trauriger Zug" auf dem Titelblatt: *Die Ergänzung zum Fahrplan, gültig ab 10. Dezember 1961. Archiv S-Bahn-Museum*

Aus einem Lagebericht der Transportpolizei:
Berliner S-Bahn, „Maßnahmen" am 13. August 1961

Quelle: Landeskriminalamt, Arbeitsgruppe Archiv

Griebnitzsee	**Kilometer 16,72; 2.32 Uhr bis 5.25 Uhr** Gleise geschnitten, „Spanische Reiter", 3fach gestaffelt, und Drahtsperren
Staaken	**Kilometer 16,60** Zugänge zum Übergang nach der S-Bahn vernagelt, Schnittpunkt durch „Spanische Reiter" u. Drahtsperren gesichert
Albrechtshof	**Kilometer 17,00** Stromschiene unterbrochen und gesenkt
Hennigsdorf Süd	**Kilometer 17,46; 3.00 Uhr bis 5.00 Uhr** Gleis geschnitten, Zaun auf einer Pfahlreihe
Hohen Neuendorf	**Kilometer 16,31; 3.30 Uhr bis 6.30 Uhr** Gleis geschnitten, Zaun auf einer Pfahlreihe
Mahlow	**Kilometer 14,90; 2.43 Uhr bis 7.00 Uhr** Gleis geschnitten, Zaun auf einer Pfahlreihe
Teltow	Gleis geschnitten, durch Drahtsperre gesichert
Wilhelmsruh	Entlang des Gleiskörpers verläuft die Grenze, welche durch doppelten Zaun gesichert wurde.
Dreilinden	**Kilometer 2,00** Signal- und Blockanlagen abgebaut; doppelte Drahtsperren
Helmut-Just-Brücke	**Kilometer 2,74; 2.10 Uhr bis 8.00 Uhr** Gleis zwischen Bahnhöfen Bornholmer Straße und Pankow geschnitten, durch „Spanische Reiter" gesichert
Schwedter Brücke	**Kilometer 4,87; 2.15 Uhr bis 6.35 Uhr** Zaun auf zwei Pfahlreihen
Humboldthafen	Brückenunterteil und Laufstege durch Stacheldraht gesichert, Alarmanlage eingebaut
Liesenbrücke	Ferngleise durch feste Drahtsperren gesichert, für Sicherung S-Bahngleise sind „Spanische Reiter" bereitgestellt
Köllnische Heide	**Kilometer 2,15; 2.05 Uhr bis 6.20 Uhr** Gleis geschnitten, durch doppelte Drahtsperre gesichert
Sonnenallee	**Kilometer 2,24; 3.20 Uhr bis 6.20 Uhr** S-Bahngleise geschnitten, durch „Spanische Reiter", Drahtsperren und „Igel" gesichert
Landwehrkanal	durch feste Drahtsperren gesichert und Überführungsgleis durch „Spanische Reiter"
Potsdamer Platz	S-Bahnhof, Zugänge vermauert

2.3 Zeitzeugenbericht: Jörg R. „Ein Blick von Osten"

Der 13. August 1961 stellte Eisenbahnern komplizierte Aufgaben; Fahrgäste, damals noch Reisende genannt, hatten sich in Einschränkungen und begrenzten Möglichkeiten neu einzurichten.

Die Schließung der Grenzen in und um Berlin, nun auch für den durchgehenden S-Bahn-Verkehr, war für die Fahrgäste und für die Mehrheit der Eisenbahner gleichermaßen ein plötzliches, gewaltsames Ereignis. Seine gewollte Geheimhaltung bis zur Stunde X ließ keine Möglichkeit der vorbeugenden Handlung und der aktuellen Vorbereitung. Die für den Personenverkehr der Deutschen Reichsbahn verantwortlichen Mitarbeiter hatten kurzfristig nach betrieblicher Möglichkeit die Verkehrsströme umzuleiten und neu zu organisieren. Die Fahrgäste lernten, je Fahrt künftig eine Stunde oder auch wesentlich mehr zu akzeptieren. Der allgemeine Schock, der von der Nacht zum 13. August ausging, und die Angst vor einem möglichen nächsten Schlag machte die Menschen für Monate zur lenkbaren Herde, zur im Alltag und in den verbleibenden Handlungsräumen Halt suchenden Opfern.

Der verkehrsgeografische Raum Falkensee, Nauen, Staaken und auch Velten und Hennigsdorf lagen mit der Kappung der gewohnten Verkehrswege im Sektor größter Betroffenheit. 35000 Menschen lebten beispielsweise in Falkensee, in einer Wohnsiedlung, die durch den seit Ende des 19. Jahrhunderts angebotenen Vorortverkehr praktisch ohne Arbeitsstätten war. Wer arbeitete, war notwendigerweise auch Pendler. Die geringe Besiedlung des nordwestlichen Brandenburg, das strukturschwache Ostelbien allgemein, hatten es als ausreichend erscheinen lassen, den in den 50er Jahren gebauten Berliner Außenring dort eingleisig zu belassen, seine Anlagen jeweils nur halb zu errichten. Lediglich im Süden von Berlin gab es Zweigleisigkeit und leistungsfähige Signal- und Sicherungstechnik.

Als das Außenherumfahren organisiert werden mußte, gab der Zustand der Eisenbahnanlagen keinen Stundentakt oder ähnlichen Luxus her. Bereits die Pendlerströme in die Großbetriebe Hennigsdorfs, mit etwa 10000 Arbeitsstätten, lasteten zusammen mit dem vorhandenen Güter- und Fernverkehr die vorhandenen Anlagen aus. Schließlich mußten ja seit 1952 alle Reise- und Güterzüge nach Brandenburg, Magdeburg, nach Stendal und Schwerin, nach Neubrandenburg und Rostock West-Berlin irgendwie umfahren.

Nachdem der Berliner Nordwesten nicht mehr von der S-Bahn erschlossen wurde, hatten die Organisatoren Nahverkehr im Ersatzangebot bereitzustellen und mußten gleichzeitig die baulogistischen Anforderungen für die unmittelbar zu schaffenden Kapazitätserweiterungen bewältigen.

Um knappe Fahrplantrassen auszunutzen, wurden Züge mit drei vierteiligen Doppelstockeinheiten gefahren. So lange Bahnsteige gab es nirgendwo, und der Höhenunterschied zwischen der untersten Treppenstufe der Waggons und dem Planum neben dem Schotterbett mißt einen knappen Meter. Nach einem Lernprozeß können Berufspendler mit der Hand- oder Aktentasche sich in der Erfahrung einrichten, dem Betroffensein vom August '61 die ersten Erfolge der Anpassung entgegenzusetzen. Aber es wurde ja auch gleichzeitig gebaut, Schienenersatzverkehr ohne Max Maulwurf, einfach ganz spontan, wenigstens für das Empfinden der Fahrgäste, führte jede vorbeugende Strategie ad absurdum.

Die Busse allerdings standen bereit, die Volkspolizei auch, denn die Maßnahmen zur Sicherung des Friedens in Europa duldeten keine zusätzlichen Pannen im Berliner Raum. Es wurde sozialistisch geholfen, man könnte besser sagen, es wurde kurzfristig requiriert. Irgendwo im Erzgebirge standen vielleicht Werktätige nach Feierabend plötzlich ohne Bus da, aber der Kraftverkehr Schwarzenberg hatte seinen Beitrag zu leisten. Tausend Menschen steigen vom Zug in die Busse um, ein Führungsfahrzeug der Polizei setzt sich an die Spitze des Konvois, mit dem schwarzweißen Befehlsstab wird der Gegenverkehr zum Halten am Straßenrand angewiesen. Wohin es geht, weiß kein Fahrgast, ein Zug steht dann dort, wo es betrieblich möglich ist, er fährt dann dorthin, wo die Massen ihr Ziel haben, für die Ausnahmen gibt es Angebote im planmäßigen oder speziell organisierten Zug- oder Busverkehr, Fahrzeit ist nicht vorher kalkulierbar.

Aber dieser Verkehr der ersten Wochen ist nicht nur der sich neu strukturierende Berufsverkehr. Mit stumpfem Beharren kämpft jeder gegen die Trennung und Beschränkung, wo sie nicht an der geschlossenen Grenze absolut gesetzt ist. Omas Geburtstag, das Grab am Totensonntag, das Theateranrecht, die Ziele und Wege der Jugendkultur, sie bleiben wichtig; Loslassen, Verzicht, Neubeginn sind noch nicht neuer Alltag der Menschen. Nur allmählich werden je nach individueller Wertordnung Reisewege verlassen. Was in Jahrzehnten wuchs, was gestützt auf ein Verkehrsangebot im Großraum Berlin, das einmal weltstädtisch war, auch nach dem Krieg trotz politischer und wirtschaftlicher Teilung weiter bestand, diese gewachsenen Strukturen von Bedürfnissen und Gewohnheiten lösten sich erst in Jahren allmählich auf.

Gebrechliche, Kinderwagen, große Gepäckstücke waren mit Hilfe vieler Hände zwischen Unwegsamkeit und Fahrzeugtüren zu transportieren. Auch alle Objekte des Beschaffungswesens wurden damals noch fast ausschließlich in der Bahn transportiert. Was der Krieg als Selbsthilfe notwendig gemacht, was die Nachkriegszeit und die DDR-Versorgungswirklichkeit später mindestens noch als Quelle manchen individuellen Erfolges weiter begleitete, wurde transportiert, wurde umgeladen, verstaut, verteidigt. Es herrschte keine Panik, ein vorsichtig schweigsamer Fatalismus ließ die Menschen vorwiegend solidarisch hilfsbereit handeln. Eine Generation, die noch Kriegserfahrung verarbeitete, war gerüstet für Strapazen, reagierte auf Willkür mit Duldung und Erfindungsreichtum – möge der Spaßgesellschaft solches erspart bleiben. Den Familientrabi gab es übrigens auch noch nicht.

Im Herbst 1961 kam dann die Umfahrung Ostring–Pankow. Oranienburg erhielt wieder eine Verbindung mit Stromschiene zwischen Blankenburg und Hohen Neuendorf, die ersten betrieblichen Erleichterungen konnten in Vorteile für die Fahrgäste umgesetzt werden, neue Zugläufe und Taktfahrpläne leiteten in die stationäre Phase der deutschen Teilung über. Wir richteten uns ein, Radio und Fernsehen blieben Brücken, Briefe wurden noch geschrieben, aber die heilende Wirkung von Abstand und Zeit entschärfte die jähen Konflikte der ersten Wochen. Zwischen Ost und West trat Entfremdung ein. Zwischen Ost und Ost lagen zusätzliche Entfernungskilometer, noch nicht überbrückbar durch Telefon und Auto. Zwischen West und West wirkte Entfernung und manche unnötige Schikane, versüßt durch Flugverkehr, komfortable Busse, bald durch Telefon und Auto. Außerdem hatten die West-Berliner ja schon jahrelang Gelegenheit zum Üben. Von regelmäßigen Theater- und Konzertbesuchen in der Hauptstadt nahm der Randberliner deutlich Abstand, die DDR-Politik bemühte sich um Ausgleich durch Ersatzangebote. Freundschaften orientierten sich neu, Wichtigkeiten und Quellen für Lachen und Freude wurden neu entdeckt und angenommen.

Ein Bus im Stundentakt zwischen Pankow und Hennigsdorf, mit spannendem Anstehen, Neid und Zorn oder gelassenem Warten in der nun ganz vorderen Position in der Warteschlange, kann als symbolisch gelten für die Zeit nach der Trennung der Verkehrswege. Irgendwo kam es zur Versöhnung zwischen den ausgereizten Möglichkeiten verkehrlicher Organisation und Verfügbarkeit von Transportmitteln einerseits und der Fähigkeit der Menschen andererseits, sich zu schicken in das Annehmbare, weil wir leben wollen und das Kämpfen des erkennbaren Zieles bedarf.

Wenn man gelegentlich am Ende eines Zuges aus zwei- oder dreiachsigen Rekowagen an der Seite, an der der Bahnsteig lag, gerade keine Tür zum Aussteigen vorfand, sagte man kurz „Scheiße", meinte die DDR und die Reichsbahn, dachte vielleicht noch kurz an die S-Bahn-Züge und ihre paarig angeordneten Schiebetüren, die vor '61 hier fuhren, aber eigentlich hatte man sich im neuen Alltag gefunden.

„8.51 Uhr – S-Bahnhof Pankow"

Aus: Neues Deutschland, Dienstag, 15. August 1961

„Der ‚Bernauer' kommt fahrplanmäßig, immer 11, 31, 51 wie seit Jahren, nur daß er nicht von Teltow, sondern bis auf weiteres von Grünau kommt. Eine Stimme im Lautsprecher: ‚Achtung Reisende in Richtung Hennigsdorf benutzen den Omnibus vor dem Bahnhofsgebäude. Bitte geben Sie Ihre Fahrkarten nicht ab, sie gelten auch im Omnibus.' An alles haben die Eisenbahner gedacht.

In der Florastraße stehen Omnibusse als Reserve bereit. An den ‚Ikarus'-Bussen lesen wir Bezeichnungen wie ‚VEB Kraftverkehr Merseburg' und ‚VEB Kraftverkehr Altenburg'. So helfen die Werktätigen der Verkehrsbetriebe aus dem Süden der Republik jetzt ihren Berliner Kollegen, die komplizierten Transportaufgaben zu lösen und auf diese Weise die Schutzmaßnahmen unserer Regierung zum Wohle aller Bürger durchzuführen."

3. Die Teilung des Berliner S-Bahn-Netzes

3.1 Stadtbahn unterbrochen

Ausreisehalle Bhf. Friedrichstraße; wegen der Abschiedsszenen später „Tränenpalast" genannt. Foto: Deutsche Reichsbahn, 1963

Am spürbarsten war die Teilung auf der Stadtbahn. Diese Strecke war einst angelegt worden, um die Stadt von Ost nach West zu durchqueren. Sowohl der Fernverkehr als auch der Vorortverkehr, der seit 1928 weitgehend mit elektrischen S-Bahnen gefahren wurde, führten über die Viadukt-Strecke in die Stadt und durch sie hindurch. Der 13. August 1961 beendete diese verbindende Funktion, die rund 80 Jahre lang die Stadtbahn wahrgenommen hatte. Die S-Bahn-Züge endeten nun von beiden Seiten mitten in der Stadt: im Bahnhof Friedrichstraße.

Mit der Teilung Berlins wurde zwischen den Bahnsteigen eine unüberwindbare Wand errichtet, die Gleise der S-Bahn Ost und der S-Bahn West hatten praktisch keine Verbindung miteinander. Im „Westnetz" konnte man weiterhin zur Nord-Süd-S-Bahn oder zur U-Bahn-Linie C (heute U6) umsteigen. Aus östlicher Richtung lief der S-Bahn-Verkehr auf der Stadtbahn wie in einem Flaschenhals in Richtung Friedrichstraße zusammen. Betrieblich war dies nicht durchhaltbar: Ein Teil der Stadtbahnzüge endete deshalb bald am Alexanderplatz, im S-Bahnhof Warschauer Straße oder im Ostbahnhof.

Die Gleisanlagen des Bahnhofs Friedrichstraße wurden kurzfristig für die neuen Aufgaben als Endbahnhof umgestaltet. Wichtig hierfür waren vor allem neue Weichenverbindungen, die das Ein- und Ausfahren auf jedes Gleis ermöglichten. Der letzte Bahnhof im Westsektor, die Station Lehrter Stadtbahnhof, hatte bereits seit den 50er Jahren einen Gleiswechsel, um notfalls Züge schon dort enden und kehren zu lassen.

Bhf. Friedrichstraße, Stadtbahnsteig für den Verkehr Ost mit Trennwand. Foto: B. Kuhlmann, 10. Oktober 1972

Friedrichstraße – Bahnhof »zweier Welten«

Der Bahnhof Friedrichstraße war eine der wichtigsten Nahtstellen im Ost-West-Schienenverkehr. Er hat als Grenzbahnhof Berliner Geschichte geschrieben.

Nicht erst nach Fluchtversuchen veränderte sich der Bahnhofsbereich zwischen Friedrichstraße und Humboldthafen (Grenze). Bereits im Dezember 1961 erteilte der Leiter des Abschnitts Berlin der Transportpolizei der Reichsbahndirektion Berlin Auflagen, wie die Grenzsicherung zu verstärken sei. Da die Stadtbahn in diesem Bereich günstige Annäherungs- und Aufstiegsmöglichkeiten bot, forderte man hier an besonders gefährdeten Stellen Schutzgitter und Stacheldrahtfanggitter, an auf Straßenhöhe gegründeten Signalbrücken Blechverkleidungen zum Verhindern des Aufsteigens. Die Treppe vom reichsbahneigenen Heizwerk Friedrichstraße zu den Gleisanlagen war zu demontieren.

Die im August 1961 im Gebäude des Bahnhofs Berlin Friedrichstraße hochgezogenen Wände, um den Ost- vom Kontroll- und Westteil zu

Eingezäunt und streng bewacht verkehrten die Stadtbahnzüge West vom Bahnhof Friedrichstraße. Foto (1990): D. Riediger

trennen, blieben nicht so, wie sie einst angelegt worden waren. Im Inneren war ständig Baustelle. Das Grenzkommando Mitte, das Transportpolizeiamt Berlin, die Zollverwaltung und die Personenkontrolleinheit (PKE) und andere Hauptabteilungen des Ministeriums für Staatssicherheit (MfS) hatten stets neue, unaufschiebbare Wünsche, vertrauten doch die „Organe" sich nicht mal gegenseitig. Jeder brauchte seine eigenen Flure, Dienst- und Sozialräume, Überwachungszentren, Abhörzentralen, Rechnerräume, Vorführ- und Vernehmungsräume, auch Arrestzellen, dazu das MfS Räume für konspirative Treffs und natürlich Schleusen von Ost nach West. Alle diese Veränderungen traf man nur, um keine Gewohnheiten der „Organe" aufkommen zu lassen und um langfristig vorzubereitende Fluchtversuche zu unterbinden. Selbst die Eisenbahner des Bahnhofs Berlin Friedrichstraße, die den Westbereich betreten durften, erhielten numerierte Ausweise.

Den wenigsten der Reisenden wird bewußt gewesen sein, vom Eingang des „Tränenpavillons" bis zum Einsteigen in den Zug überwacht worden zu sein. Dafür sorgten später rund 140 Beobachtungskameras im gesamten Bahnhofsbereich, deren Bilder in die einzelnen Überwachungszentralen der „Organe" übertragen wurden.

Bahnhof Friedrichstraße, Stadtbahn

Der Stadtbahn-Bahnsteig für die S-Bahn-Züge aus Ost-Berlin wurde gegenüber den beiden „westlichen" Bahnsteigen zunächst durch Drahtglasscheiben, später durch eine bis zur Hallendecke reichende

Blick aus dem Führerstand einer S-Bahn Ost auf eine S-Bahn West. Unterbrochene Gleise, Bhf. Friedrichstraße. Foto (1984): S. Mörschel

Stahlwand abgegrenzt. Die Züge der S-Bahn Ost konnten von ihren Gleisen nicht mehr direkt auf die Gleise der S-Bahn West fahren. An den Bahnsteig-Enden entstanden Zäune und befanden sich Wachhäuschen für Grenzsoldaten. Bis zur Staatsgrenze am Humboldthafen wurden die Stadtbahngleise später mit hohen Zäunen und Sichtblenden umgeben. Wachposten sicherten die Strecke gegen jeden Fluchtversuch. Der Austausch von S-Bahn-Fahrzeugen zwischen West und Ost wurde bis 1984 gelegentlich über die mit Stromschienen versehenen Fernbahngleise 1 und 2 am Bahnsteig A geführt.

Bahnhof Friedrichstraße, Nord-Süd-Bahn

Der unterirdisch gelegene Bahnhof Friedrichstraße der Nord-Süd-S-Bahn war mit (ausgesuchtem) Reichsbahn-Personal besetzt, weil hier S-Bahn-Züge hielten. Damit waren nach Ansicht der Grenzorgane trotz Hinterlandsicherung auf dieser Betriebsstelle Fluchtversuche durch Aufspringen auf die zur Abfahrt bereitstehenden Züge möglich (Wer gelangte schon unkontrolliert bis zum unteren Bahnsteig D?). Um abfahrende Züge stoppen zu können, war jeweils in Halbzuglänge (etwa 70 Meter) nach dem Signal am Bahnsteigende ein weiterer signalunabhängiger Streckenanschlag der Fahrsperre installiert, der orange gestrichen war. Sowohl die Aufsicht als auch die Grenzorgane konnten diesen Streckenanschlag in die Sperrstellung bringen und damit eine Zwangsbremsung des ausfahrenden Zuges auslösen.

Lageplan des Bahnhofs Friedrichstraße
Bauzustand von 1936

Zeichnung: „Verkehrstechnische Woche", Archiv S-Bahn-Museum

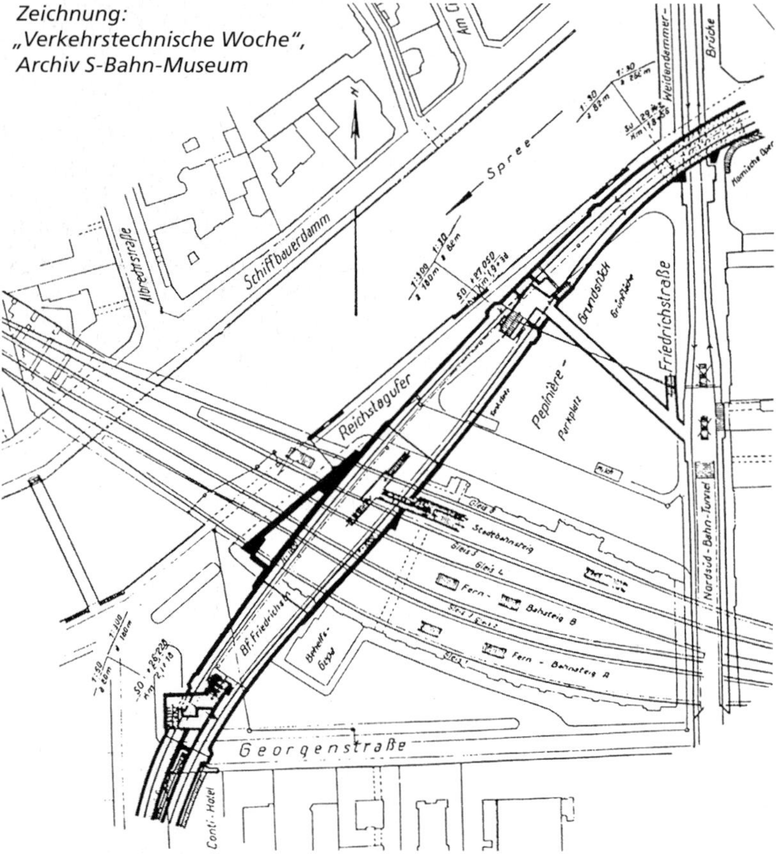

Grenzkontrollbahnhof Friedrichstraße
Zustand um 1985

Zeichnung:
Udo Dittfurth,
Berliner S-Bahn-Museum

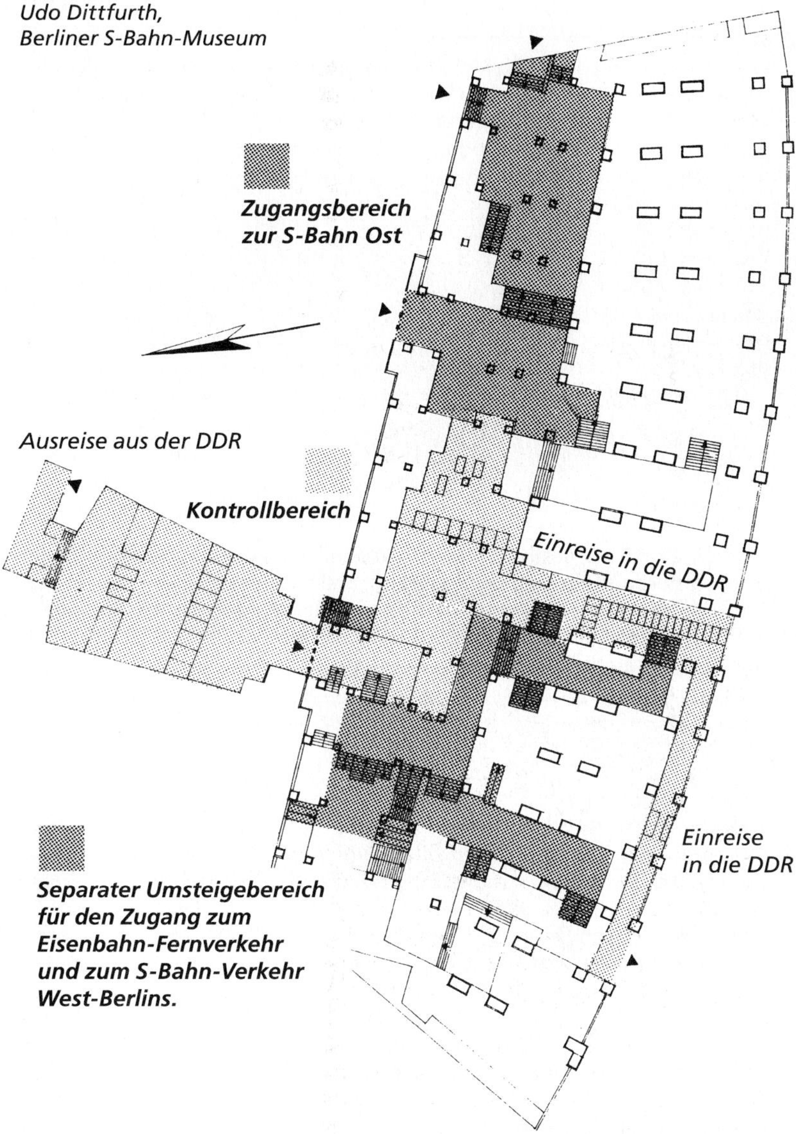

Foto linke Seite:
Berlin, Bahnhof Friedrichstraße um 1957. Foto: Archiv F. Lammers

Erika D.
„Arbeiten im Osten, Wohnen im Westen"

Seit 1953 arbeitete ich als Laborantin in der Charité, wohnte aber in West-Berlin nahe dem Mexikoplatz. Mein Arbeitsweg führte mich deswegen täglich mit der S-Bahn vom S-Bahnhof Lindenthaler Allee (heute Mexikoplatz) nach Friedrichstraße. Außer der damals stichprobenartigen Kontrolle von Ausweis oder Taschen war dabei nichts Spektakuläres. An diese „Unnormalitäten" hatte man sich längst gewöhnt. Als wir am 13. August durch eine aufgeregte Nachbarin vom Mauerbau erfuhren, ging mir vieles durch den Kopf. Was wird mit meiner Arbeit im Osten? Was wird mit all den persönlichen Kontakten zwischen Ost und West?

Am Montag, dem 14. August 1961, fuhr ich dann erstmals unter den völlig veränderten Bedingungen zur Arbeit. Die Stimmung im Zug war gedrückt, gesprochen wurde kaum. Keiner wußte wohl genau, was ihn am Bahnhof Friedrichstraße erwarten würde.

Bahnsteige und Bahnhofshalle waren voll mit Soldaten, Polizei und Bauarbeitern. Überall waren über Nacht mit Brettern provisorisch Absperrungen errichtet worden. Später begann man Mauern hochzuziehen, jeder der nun kommenden Tage sollte Veränderungen bringen.

Ein Durchkommen ohne Kontrolle war nicht möglich, die Uniformierten bildeten regelrecht Gassen, durch die man gehen mußte. Für mich war das Durchschreiten der Kontrolle allerdings weder in die eine noch in die andere Richtung ein Problem. Mein Dienstausweis der Charité (und vielleicht der Personalauswies, so genau erinnere ich mich nicht mehr) reichten aus, um zu passieren. Noch gab es keine Passierscheine oder Zollformulare. Überhaupt waren die Zollkontrollen in diesen Tagen nicht besonders gründlich. Es war deshalb kein großes Risiko, für die eine oder andere Kollegin einen Brief mit in den Westen zu nehmen. Wir Grenzgänger waren in diesen Tagen für viele, die Freunde oder Verwandte in Ost oder West hatten, die einzigen zuverlässigen Nachrichten-Überbringer.

Vor dem Bahnhof selbst standen tagelang noch viele Menschen. Ihre Stimmung war am ehesten mit den Worten Ratlosigkeit und Verzweiflung zu beschreiben. Getrennt von Freunden oder Verwandten ließ man sie dort ohne Informationen allein. Dies war noch bedrückender als die Kontrollen im Bahnhof.

Ich selbst bin bis Ende August 1961 fast jeden Tag ohne große Probleme über die Grenze gegangen. Dann hörte ich aus persönlichen Gründen auf, in der Charité zu arbeiten. Dies bedeutete zugleich, daß jeder Kontakt zu meinen bisherigen Kollegen abbrach. Spätestens im Oktober hätte ich dann in jedem Fall aufhören müssen, weil der West-Berliner Senat zu diesem Zeitpunkt den Lohnumtausch für Grenzgänger, wie ich es bis dahin gewesen war, abschaffte.

Vom kurz nach dem Mauerbau einsetzenden S-Bahn-Boykott habe ich übrigens bei meinen täglichen Fahrten zur Arbeit nie etwas gespürt.

Heimlich fotografiert: Der Nord-Süd-Bahnsteig Friedrichstraße.
Foto (Juni 1971): Landesarchiv Berlin

3.2 Nord-Süd-Bahn Tunnelbahnhöfe versperrt

Als Bindeglied der nördlichen und südlichen Vorortstrecke mußte der Nord-Süd-Tunnel auch nach dem 13. August 1961 weiterhin in Betrieb bleiben. Nur mußte aus Sicht der zuständigen „Grenz-Organe" alles dafür getan werden, daß niemand den Tunnel zur Flucht von Ost nach West nutzen konnte.

Zunächst wurden die Bahnhöfe verschlossen, so wie das bei Betriebspausen üblich war. Dann begann schrittweise der Ausbau der Grenzsicherungsanlagen. Grenzenlos war dabei die Paranoia, jedwede Fluchtmöglichkeit zu verhindern.

Die unterirdische Nord-Süd-S-Bahn besaß im Ostteil 15 Notausgänge, von denen jedoch nur vier im Gefahrenfall genutzt werden konnten. Aus Angst vor Fluchtversuchen hatte man die meisten zugeschweißt. Nach einem verheerenden U-Bahn-Brand 1987 in London mit vielen Toten richtete man allerdings weitere Notausstiege so her, daß im Gefahrenfall ein Ausstieg möglich gewesen wäre.

Dort, wo das Eindringen von „Feinden" am wahrscheinlichsten war, an den Grenzen zu den Westbezirken Kreuzberg und Wedding bzw. am S-Bahnhof Friedrichstraße, wurden die Tunnel speziell gesichert.

Anfang des Jahres 1972 wurde von den „Grenzsicherungs-Organen" das Anbringen von sogenannten Trittbrettanlagen in den Gleisen gefordert. Das waren – erstmals in den Tunneln der U-Bahn angewendet – in Gleismitte verlegte Bretter, die auf kleinen Kontakten ruhten. Beim Belasten, z. B. beim Betreten, schlossen sich ein oder mehrere Kontakte, die auf dem Anzeigegerät der Grenztruppen Alarm auslösten. Eine erste derartige Anlage entstand versuchsweise im Mai 1972 im Gleis 4 (Westseite) des Bahnhofs Berlin Friedrichstraße.

„Doch die ‚Organe' hatten noch andere Einfälle", berichtete Bernd Kuhlmann im Buch Züge durch Mauer und Stacheldraht (GVE, 1998). „Während der nächtlichen Betriebspause – so wünschten sie, sollten im Nord-Süd-S-Bahn-Tunnel jeweils Richtung Westen Rollgitter herabgelassen oder Stahltore geschlossen werden. Obwohl das bereits 1972 gefordert wurde, baute man derartige Anlagen nicht ein." Die technischen und betrieblichen Probleme waren zu groß.

Zumindest im Bereich des S-Bahnhofs Friedrichstraße wurde aber noch mehr für die Sicherung der Grenze getan. Hier gab es die Möglichkeit, den Fahrstrom zu unterbrechen bzw. ausfahrende Züge mit einer besonderen Fahrsperre durch Zwangsbremsung zum Halten zu bringen.

Der Tunnel der S-Bahn war – wie auch die beiden westlichen U-Bahn-Tunnel unter Ost-Berlin (U6 und U8) bis 1989 ein ständiges Gesprächsthema zwischen den „Organen" – den Grenztruppen, der Transportpolizei und natürlich dem Ministerium für Staatssicherheit.

Potsdamer Platz, Mauerblick in Richtung Brandenburger Tor.
Foto: Landesarchiv Berlin, Oktober 1961

Nord-Süd-Bahn zwischen Anhalter Bahnhof und Potsdamer Platz. Blick nach Norden, in Höhe der ehemaligen Grenze Stresemannstraße.

Licht am Ende des Tunnels – Blick zum Tunnelmund nach Humboldthain. Fotos (2002): M. Heller, Berliner S-Bahn-Museum

Fotos: Landesarchiv Berlin

Nord-Süd-Bahn
Tunnelbahnhöfe versperrt

Potsdamer Platz

S-Bahn-Streckenabschnitte
Friedrichstraße–Papestraße,
Friedrichstraße–Schöneberg

Über den Wachdienst im S-Bahnhof Potsdamer Platz in dem Jahr nach dem Mauerbau berichtete ein damals hoher Grenztruppen-Offizier, der Ex-Major Helmut H.: „Im Bahnhof Potsdamer Platz konnte man sich verlaufen. Und da ist auch manchmal was aus den Zügen geworfen worden. Flaschen und alles mögliche. Wir haben uns hinter Pfeiler gestellt ..., mußten alles einsammeln, was rumlag. Die Soldaten sahen die Leute vorbeifahren in eine andere Welt ... Wenn man sich dann so in 'ne Nische reindrücken muß, wenn die Bahn vorbeirollt, das ist schon ein eigenartiges Gefühl. *(Aus: Th. Flemming und H. Koch: Die Berliner Mauer)*"

Der S-Bahnhof Potsdamer Platz vor der Wiedereröffnung, 1990

In den Jahren nach 1961 wurde der unmittelbar im Grenzgebiet gelegene S-Bahnhof Potsdamer Platz eine Hochburg der „Sicherheit": Zwei doppelte Stahltüren waren zu überwinden, alle Räume zu den Fahrkartenausgaben, Imbiß, Friseur usw. waren zugemauert, die Treppen vom Zwischengeschoß zu den Bahnsteigen ebenfalls versperrt, lediglich Beobachtungsschlitze und mit einer akustischen Alarmanlage gesicherte Türen gewährten Einblick bzw. Durchgang. Offenbar traute man selbst den Grenzern nicht.

Nur eine Streife ging im Tunnel bis in die Nähe der Grenze, in Höhe der Stresemannstraße, Ecke Köthener Straße, während der Rest im „Beobachtungsbunker" oder im Zwischengeschoß zurückblieb. Die Grenze ... war erst am Kilometer 4,024 in Höhe Stresemannstraße, Ecke Niederkirchnerstraße, doch bis dorthin durften nur in Einzelfällen ausgewählte „Aufklärer" der Grenztruppen.

Noch im Winter 1976 wurden in der Kehranlage nördlich des Bahnhofs Potsdamer Platz vereinzelt S-Bahn-Züge abgestellt. Danach nutzte man diesen Bahnhof als Ersatzteilspender für Rolltreppen, Weichen, Signale usw. Mit der Betriebsübergabe an die BVG 1984 betrieb man Potsdamer Platz und auch Nordbahnhof als Anschlußstellen, auf denen Arbeitszüge, entgleiste S-Bahn-Züge usw. abgestellt wurden.

Nord-Süd-Bahn
Tunnelbahnhöfe versperrt

Unter den Linden, Oranienburger Straße

S-Bahn-Streckenabschnitt
Gesundbrunnen – Potsdamer Platz

Die beiden „Untergrundbahnhöfe" Unter den Linden und Oranienburger Straße wurden von der Transportpolizei gesichert.

Der S-Bahnhof Unter den Linden wurde nach dem Mauerbau bis 1989 quasi aus dem Bewußtsein der Öffentlichkeit getilgt. Drei der vier Zugänge wurden verschlossen und mit normaler Straßenpflasterung versehen. Nur ein Zugang, verdeckt durch ein Wachhäuschen, blieb erhalten. Über eine Leiter stiegen die Transportpolizisten zu Schichtbeginn hinab in den Untergrund.

Der S-Bahnhof Oranienburger Straße blieb dagegen für den erfahrenen Beobachter noch erkennbar. Ein Zugang wurde zugemauert, der andere wurde – durch Stahlplatten gesichert – zum Zugang für die Bewacher. Das S-Bahn-Symbol fehlte, die typischen Geländer, die an den Straßenzugängen die Treppen umgeben, blieben aber erhalten.

Heimlich aus einem fahrenden Zug fotografiert:
Der Bahnsteig des S-Bahnhofs Oranienburger Straße, 1985:
Die S-Bahn West durchfuhr diese Station mit hoher Geschwindigkeit ohne zu halten. Die Ausgangstreppen sind versperrt und zugemauert.
Foto: Archiv Berliner S-Bahn-Museum

Ost-Berlin, S-Bahnhof Oranienburger Straße (Ecke Tucholskystraße):
Unter der Tucholskystraße (im Bild waagerecht verlaufend) fahren die S-Bahnen West durch den dunklen Tunnelbahnhof. Der Zugang ist zugemauert, im Treppenpodest eine massive Stahltür, die sich nur für die Bewacher öffnete.
Foto: M. Lange, Berliner S-Bahn-Museum

Nord-Süd-Bahn
Tunnelbahnhöfe versperrt

Nordbahnhof

S-Bahn-Streckenabschnitt
Gesundbrunnen–Friedrichstraße

Der S-Bahnhof Nordbahnhof wurde – wie die anderen Stationen der Nord-Süd-S-Bahn unter Ost-Berlin – geschlossen und seitdem von Soldaten der Grenztruppen bewacht. Züge, die in Richtung Humboldthain, d.h. nach West-Berlin die Station verließen, fuhren über die links und rechts gegen jeglichen Fluchtversuch abgeschirmte Rampe hinauf bis zur Liesenstraße. Dort erreichte die Bahnstrecke wieder westliches Gebiet.

Dazu ein Grenztruppen-Offizier: „... Das Prinzip war ja, daß keiner von draußen in den Tunnelmund ... reinkommt, sonst hätte der ja auf 'nen Zug aufspringen und mit ihm unbemerkt wieder rausfahren können. Die Strecke hätte er nicht langlaufen können, denn da war die Trapo (Transportpolizei) auf den anderen Bahnhöfen. Schließlich gab es noch die Lichtschranken, die kaum zu durchkriechen oder zu übersteigen waren ... *(Aus: Th. Flemming und H. Koch: Die Berliner Mauer)*."

Das im Grenzgebiet liegende Bahnbetriebswerk Berlin-Nordbahnhof wurde bis in die Nacht zum 9. Januar 1984, als die letzten S-Bahn-Züge zum S-Bahn-Betriebswerk Berlin-Wannsee überführt wurden, genutzt. Auf dem oberirdischen Gelände wurden bis dahin in West-Berlin eingesetzte S-Bahn-Züge gewartet und repariert. Über eine oberirdische Kehranlage gelangten die Züge zum unterirdischen S-Bahnhof.

Mußten im unterirdischen Nordbahnhof Züge ausgesetzt und über die oberirdische Kehranlage überführt werden, durfte das nicht ohne Kontrolle der Grenzer geschehen. Die Leerzüge fuhren dazu auf den Mittelgleisen 2 und 3 ein. Offiziere durchsuchten dann den Zug nach westlichen Zeitschriften oder Flugblättern sowie nach Personen, bevor er nach oben fahren durfte.

S-Bahnhof Nordbahnhof, 1961 bis 1990:
Hier verlief die innerstädtische Grenze sogar durch den Zugangsbereich des Ausgangs zur Gartenstraße, in Richtung Bernauer Straße. Deshalb fanden sich dort die dementsprechenden Wandmarkierungen.
Foto: M. Müller, Archiv Berliner S-Bahn-Museum

Das S-Bahn-Betriebswerk Nordbahnhof:
Im weiträumigen Gelände des ehemaligen Stettiner Bahnhofs befanden sich Anlagen zur Wartung der Züge der S-Bahn. 1984 wurden sie mit dem S-Bahn-Verkehr der BVG West entbehrlich. Fotos: Deutsche Reichsbahn (oben) und Archiv S-Bahn-Museum

Nord-Süd-Bahn

Die Sektorengrenze südlich Humboldthain

S-Bahn-Streckenabschnitt
Gesundbrunnen–Friedrichstraße

S-Bahn zwischen Humboldthain und Nordbahnhof, 1961 bis 1990:
Die Züge fahren im Gleisvorfeld des Nordbahnhofs im Mauerstreifen.
Fotos: M. Lange, D. Riediger und Landesarchiv Berlin (links unten)

Klaus-Jürgen U.: Meine Fahrten zur „Korsörer Oma"

Besondere Tage in den 50er Jahren waren die Besuche bei der Oma in Ost-Berlin, die für mich, nach ihrer Wohnung in der Korsörer Straße in Prenzlauer Berg, die „Korsörer Oma" war. Nach einem 15minütigen Fußweg erreichten wir den Bahnhof Steglitz, wo am Bahnschalter Fahrkarten zu 20 Pfennig gekauft wurden. Bei der Fahrt mit der Wannseebahn in Richtung Innenstadt prägte sich mir als Kind zunächst der kleine Tunnel, die Gleisunterfahrung zwischen Schöneberg und Großgörschenstraße ein, danach dann der große Nord-Süd-Tunnel, den wir in gesamter Länge durchfuhren, um am Gesundbrunnen in die Ringbahn umzusteigen. Bei der Tunneleinfahrt wurde mir eingeschärft, von nun an besonders artig zu sein, da wir bald durch den „Osten" fahren würden. Ich leitete daraus eine Gefahr ab, die hier überall und besonders hinter jedem Uniformierten zu lauern schien. Schon die laute kindliche Frage, ob wir denn nun schon im Osten oder noch im Westen seien, wurde mit einem „sch..." beantwortet, was mich angstvoll schweigen ließ. Verwirrend war dann, als es in Humboldthain mit einmal hieß, hier sei wieder Westen, wo wir doch eigentlich zur Oma in den Osten wollten.

Wir verließen in Gesundbrunnen den Zug, liefen über Treppen und durch Gänge, in denen Gedränge herrschte, was mich die Hand meiner Mutter besonders stark festhalten ließ. Der Ringbahn-Zug Richtung Osten war immer sehr voll. Ein für mich wichtiger Fensterplatz war meistens nicht zu bekommen, so daß ich die Fahrt stehend aus einem nur eingeschränkten Blickfeld wahrnahm. Die Häuser von beiden Seiten der Strecke kamen scheinbar immer näher an die im Einschnitt liegende Bahnstrecke heran und schließlich endete die Fahrt im dunkel wirkenden Bahnhof Schönhauser Allee. Angstvoll und im ständigen Bemühen, Kontrollen von Uniformierten zu umgehen, wurde der Bahnhof schnellen Schrittes verlassen und nach kurzem Fußweg die Wohnung der „Korsörer Oma" erreicht.

Trotz herzlichem Empfang und reichhaltigem Kuchenbuffet ließ die dunkle Hinterhof-Atmosphäre bei mir stets eine gewisse Langeweile und Unwohlsein zurück, und irgendwie war ich froh, wenn es abends an die Heimfahrt ging, die wiederum ein interessantes Fahrerlebnis versprach. So wie wir der Oma Geschenke, meist in Form von Kaffee und Dingen, die es im „Osten" eben nicht gab, mitbrachten, wurden uns nun Gegengeschenke übergeben, häufig irgendwelche Textilien, die sofort das Problem des ungesehenen „Grenzübertritts" mit sich brachten, da es wohl scheinbar streng verboten war, derartiges in den „Westen" auszuführen. Entsprechend vorsichtig wurde dann zusammen mit der begleitenden Oma der Bahnhof Schönhauser Allee betreten, auf dem sich immer einige Uniformierte herumdrückten. Absolute Unauffälligkeit aller Familienmitglieder war ein Muß, damit wir ja nicht in eine Kontrolle gerieten, was ich als Kind mit sofortigen willkürlichen Verhaftungen verband. Die Zeit bis zum Einfahren der S-Bahn erschien endlos. Rollte dann zunächst ein Zug in Richtung Pankow in den Bahnhof, wurde mir eingeprägt, niemals damit zu fahren, weil wir sonst wieder in den „Osten" kämen. Bald kam unser Ringbahn-Zug in Richtung Westen und erleichtert, wiederum einer Kontrolle entkommen zu sein, fuhren wir Richtung Gesundbrunnen. Um der Gefahr einer eventuellen Kontrolle im S-Bahn-Tunnel zu entgehen, blieben wir in Gesundbrunnen im Zug sitzen und fuhren über Jungfernheide und Westkreuz bis Schöneberg, um so den „Osten" ja nicht noch einmal zu berühren.

Nach einer mir endlos lang erscheinenden Fahrt erreichten wir im Dunkeln den Bahnhof Schöneberg, wo wir umstiegen, um Steglitz zu erreichen. Müde und glücklich, die „Schmuggelware" unbehelligt aus dem „Russischen Sektor" nach Hause gebracht zu haben, machten wir uns auf den Fußweg zu unserer Wohnung. Ein Umsteigen in den Bus wurde aus Kostengründen überhaupt nicht in Erwägung gezogen, schließlich hätte man beim BVG-Bus neu bezahlen müssen.

3.3 S-Bahn-Ring zerbrochen

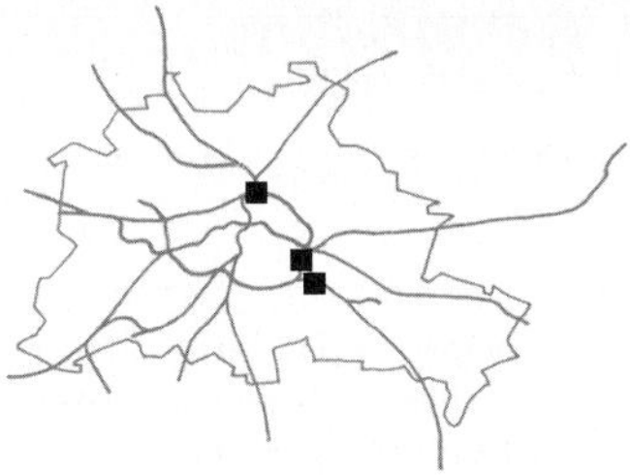

S-Bahn-Streckenabschnitte
Gesundbrunnen–Schönhauser Allee, Sonnenallee–Treptower Park, Köllnische Heide–Baumschulenweg

Ähnlich wie die Stadtbahn symbolisierte die Ringbahn über viele Jahrzehnte den modernen Nahverkehr der Bahn in Berlin. Die Ringbahn verband viele Wohn- und Arbeitsorte oder Geschäftsstraßen. Auch nach 1945 – im Kalten Krieg – hatte sie diese Aufgabe. So mancher nutzte die S-Bahn-Fahrt allerdings zum Schmuggel oder für die Flucht in den „Goldenen Westen". Am 13. August 1961 war Schluß damit.

Dort, wo der Ring die Bezirksgrenzen zwischen Wedding und Prenzlauer Berg sowie Treptow und Neukölln überquerte, wurde er unterbrochen. Im Westen wurden die früheren Durchgangsstationen Gesundbrunnen, Sonnenallee und Köllnische Heide zu Endpunkten. 1980 wurde die Ringbahn in West-Berlin zwischen Gesundbrunnen und Sonnenallee bzw. Köllnische Heide stillgelegt.

In Ost-Berlin konnte der Ringbahnverkehr im Süden problemlos auf die Görlitzer Bahn in Richtung Schöneweide umgeleitet werden. Diese Verbindung hatte es schon früher gegeben. Im Norden wurde die schon provisorisch bestehende Verbindung in Richtung Pankow rasch ausgebaut, so daß das Ringbahn-Fragment sinnvoll mit zwei Vorortstrecken verknüpft werden konnte. Die Ringstrecke im Osten Berlins wurde Teil der Hauptschnellbahn-Achse, die von Bernau im Norden über Pankow, Schönhauser Allee, Ostkreuz, Treptower Park und Schöneweide nach Adlershof/Grünau verlief. Am Ostkreuz ergab sich damit der neue zentrale Umsteigepunkt für Ost-Berlin, da dort die Vorortstrecken von Norden und Süden auf die von Osten trafen.

Gesundbrunnen 1983 – Ringbahn außer Betrieb. Foto: S-Bahn-Museum

S-Bahn-Ring
zerbrochen

Gesundbrunnen

S-Bahn-Streckenabschnitte
Gesundbrunnen–Schönhauser Allee,
Gesundbrunnen–Bornholmer Straße

Der S-Bahnhof Gesundbrunnen, bis zum 13. August 1961 ein beliebter Durchgangs- und Umsteigebahnhof, an dem viele Ost-Berliner ausstiegen, um in der Badstraße einzukaufen, erlebte einen massiven Fahrgastschwund. Der durch die Schließung des Fernbahnsteigs Anfang der 50er Jahre einer wichtigen Funktion verlustig gegangene Bahnhof fiel langsam in einen Dornröschenschlaf.

Schritt für Schritt bemächtigte sich die Natur der einst umfangreichen Bahnanlagen. Die Ringbahngleise Richtung Schönhauser Allee wurden zu Abstellgleisen. Das nahe gelegene, noch leidlich erhaltene ehemalige Bahnbetriebswerk Gesundbrunnen, das zur Wartung und zum Abstellen von Lokomotiven des früheren Stettiner Bahnhofs gedient hatte, fiel als nächstes Verfall und Abriß anheim.

Ringbahn an der Grenze zu Ost-Berlin, um 1984:
Am Bahnhof Gesundbrunnen verfielen die Ringgleise der S-Bahn. Unter der Brückenzufahrt zum Güterbahnhof Eberswalder Straße wucherten Unkraut und Gestrüpp.
Foto: Archiv S-Bahn-Museum

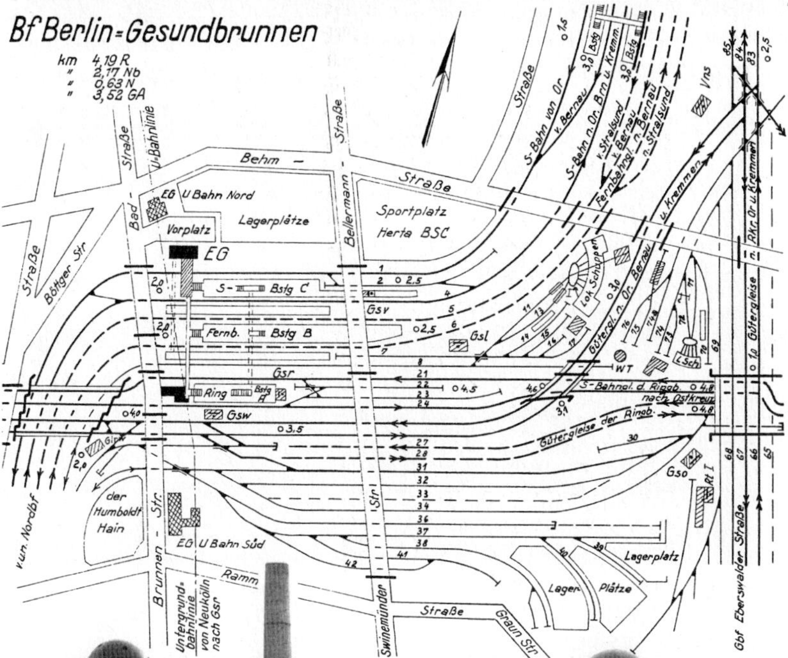

Blick zum Wasserturm am Bahnhof Gesundbrunnen, 1961:
Die französische Stadtkommandantur setzte im Oktober 1961 durch, daß durch Übermalen eines Buchstabens aus der Aufschrift „DDR" die Reichsbahn-Kurzbezeichnung „DR" wurde.
Foto: Landesarchiv Berlin; Gleisplan (um 1956): Archiv S-Bahn-Museum

Die Sektorengrenze am Bahnhof Gesundbrunnen, 1961.
Die Ringgleise unter der Brücke zum Güterbahnhof Eberswalder Straße.

Sektorengrenze Treptow, 1961 – Stacheldraht quer über die Ringbahn.
Links im Bild die S-Bahn-Gleise und der Anschluß Görlitzer Bahnhof.
Fotos aus: Verkehrsgeschichtliche Blätter, Archiv Lehmann

S-Bahn-Ring
zerbrochen

Gütertransit in Treptow

Verbindungsgleis
Güterbahnhof Treptow–Görlitzer Bahnhof
Ehemalige Gleiskreuzung
im S-Bahn-Streckenabschnitt
Sonnenallee–Treptower Park

Zwar endete mit der Sperrung der Grenze zu West-Berlin der S-Bahn-Verkehr zwischen Neukölln und Treptow. Anders war es jedoch für den Schienen-Güterverkehr im Raum Neukölln, Treptow, Kreuzberg.

Der Görlitzer Bahnhof im West-Berliner Bezirk Kreuzberg wurde nach dem 13. August 1961 nicht mehr von Schöneweide aus bedient, sondern von Neukölln aus. Das Problem dabei war, daß die Rangierfahrten zwischen den beiden auf Westgebiet liegenden Güterbahnhöfen ein kurzes Stück durch den Ost-Berliner Bezirk Treptow fahren mußten.

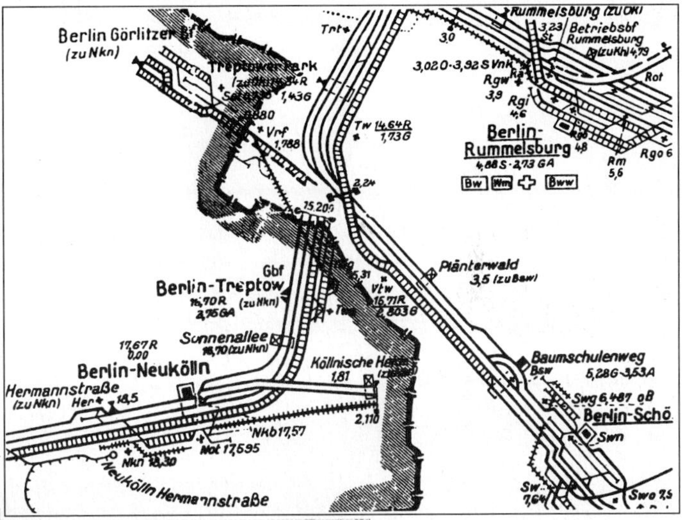

Die Verbindung zwischen Güterbahnhof Treptow und Görlitzer Bahnhof

Betriebsstreckenplan, Reichsbahndirektion Berlin, 1963

Archiv P. Bock

Nach Querung der früheren Ringgleise der S-Bahn – gerade noch auf West-Berliner Gebiet – mußten die Loks mit den Güterwagen durch ein Tor in der Mauer auf der Brücke Kiefholzstraße. Nach dem Halten nahmen Posten den westlichen Zug in Empfang, der eine sogenannte Beschaubrücke unterfuhr. Vor dem Landwehrkanal mußten die Bewacher die Rangierfahrt wieder verlassen, wiederum wurde ein Tor passiert, um zum Görlitzer Bahnhof zu gelangen. In der umgekehrten Richtung bestand das gleiche Kontrollverfahren. Intensiv bemühte sich die Reichsbahndirektion Berlin deshalb, den Anschluß zu schließen. Erst am 30. Mai 1976 gelang ihr das. Damit hatten die Güter-Rangierfahrten zwischen Ost und West in Richtung Neukölln ein Ende.

Ferner versuchte man, auch den Görlitzer Bahnhof für jegliche Güterverkehrsnutzung zu schließen. Mit allen Mitteln „vergraulte" die Deutsche Reichsbbahn bis 30. Juni 1985 auch die letzten Kohlen- und Baustoffhändler sowie Spediteure vom Görlitzer Bahnhof.

Aus dem Bahnhofsgelände wurde danach der Görlitzer Park, eine wichtige Naherholungsfläche für Kreuzberger und Neuköllner, nach Öffnung der Grenzen 1989 auch für die Einwohner der Nachbar-Bezirke Friedrichshain und Treptow.

Der Görlitzer Bahnhof im Jahre 1961

Foto: Deutsche Reichsbahn, Archiv S-Bahn-Museum

S-Bahn-Ring
zerbrochen

Köllnische Heide – Baumschulenweg

S-Bahn-Streckenabschnitt
Neukölln – Baumschulenweg – Schöneweide

Die Verbindung von Neukölln über Köllnische Heide nach Baumschulenweg dürfte für die meisten S-Bahn-Fahrgäste mit zur Ringbahn gehören. Sie wurde allerdings erst rund ein Jahrzehnt später als die Ringbahn, nämlich 1896 angelegt, um die direkte Zugführung vom Südring in Richtung Schöneweide zu ermöglichen. Seit 1928 elektrisch betrieben, wurde diese Verbindung am 13. August 1961 kurz hinter dem in West-Berlin liegenden S-Bahnhof Köllnische Heide unterbrochen. Erst wurden die Gleise, dann sogar der Bahndamm abgetragen. Die Überführung der Görlitzer Bahn über die Gleise von und nach Köllnische Heide und die Brücke über den Baumschulenweg auf Ostberliner Seite standen dagegen länger als die Mauer. Nur die Gleise wurden abgebaut und so mancher Fahrgast im östlichen S-Bahn-Netz wunderte sich bis 1993 über die Bahnsteigkante ohne Gleis im S-Bahnhof Baumschulenweg.

In West-Berlin blieb der Abschnitt Neukölln–Köllnische Heide bis 1980 eingleisig in Betrieb. Nach Wiedereröffnung des Südrings wird er seit 1993 wieder zweigleisig mit S-Bahnen befahren.

S-Bahnhof Köllnische Heide. Foto: R. Daughtrey, 1987

Ab 1961: Prellböcke am S-Bahnhof Köllnische Heide. Foto: M. Lange

Grenze Richtung Baumschulenweg. Foto: R. Daughtrey, 1987

Im S-Bahnhof Baumschulenweg fehlte 1986 ein Gleis. Foto: T. Staeck

Helga R.: „Von da an waren wir »Ossis«"

Im September 1961 wurde mein jüngster Neffe in Leipzig eingeschult. Natürlich sollte er aus diesem Anlaß eine wunderschöne Zuckertüte bekommen. Für die Beschaffung der dazu notwendigen Süßigkeiten war ich als die Berliner Tante zuständig. Am Sonnabend, dem 12. August, fuhren mein Ehemann und ich dazu mit der S-Bahn von Baumschulenweg nach Neukölln. Unsere damals 8 Monate alte Tochter war auch dabei – damals noch im hohen Kinderwagen. Unter ihrer Matratze verstauten wir alle eingekauften Köstlichkeiten. Kontrolliert wurde der Kinderwagen nicht. „Glück gehabt", konnten wir und die Leipziger Verwandten dann nur noch sagen.

Wir wohnten damals nahe der Sonnenallee, nicht weit von der Grenze zu West-Berlin. In diesen Jahren spielten wir des öfteren mit einem befreundeten Ehepaar am Wochenende Skat. So auch am Abend dieses 12. August 1961. Im Hintergrund spielte leise das Radio. Sicher war es der RIAS oder zumindest ein anderer „böser" Westsender. Es wurde wieder einmal sehr spät beim Spielen. Obwohl sehr leise, bekamen wir irgendwann mit, daß da im Radio irgendwie wichtige und beängstigende Nachrichten verbreitet wurden. Wir stellten das Skatspielen ein und den Ton lauter. So richtig fassen konnten wir es nicht, was da verkündet wurde. Spät nach Mitternacht verließen wir mit unseren Freunden das Haus, liefen zum etwa 300 Meter entfernten Heidekampgraben. Auf beiden Seiten des Grabens standen schon so etliche schimpfende Menschen, dazwischen fleißige „Werktätige", die da mitten in der Nacht vorerst mit primitiven Holzbalken und ähnlichem und jeder Menge Stacheldraht eine Barriere errichteten. Von den Beschimpfungen ließen sie sich in keiner Weise beirren. Von da an waren wir „Ossis" – die auf der anderen Seite des Grabens „Wessis".

3.4 Nordbahn Bahnhöfe mit Sonderstatus

Bornholmer Straße

S-Bahn-Streckenabschnitte
Schönhauser Allee–Pankow, Gesundbrunnen–Pankow, Gesundbrunnen–Schönholz

Mit dem 13. August 1961 entstanden im Bereich des heutigen Nordkreuzes – zwischen Gesundbrunnen, Schönhauser Allee, Bornholmer Straße, Pankow und Wollankstraße – vielfältige Probleme. Zwar gehörten die Bahnanlagen hier mit Ausnahme des Bahnhofs Gesundbrunnen zu Ost-Berlin, aber die S-Bahn West und Fernzüge des französischen Militärverkehrs durchfuhren hier ein kurzes Stück Ost-Berliner Gebiet, sozusagen im Verkehr zwischen West-Berlin und West-Berlin. Zusätzlich verlief hier auch eine wichtige Fernstrecke des Ost-Berliner Verkehrs vom Ostring nach Norden, dicht an der Sektorengrenze zu West-Berlin.

Fahrzeugsperren vor dem S-Bahnhof Bornholmer Straße, 1965

Zur Abriegelung der Grenzen mußten nicht nur die S-Bahn-Verbindungen zwischen Schönhauser Allee und Gesundbrunnen sowie zwischen Bornholmer Straße und Pankow unterbrochen werden. Ebenso war das Fernbahn-Netz zu trennen. Bedeutender war zunächst, Passanten und Eisenbahner von der neuen Grenze zurückzuhalten. Die Stellwerke Bos (Bornholmer Straße S-Bahn) und Vnp (Verbindung nach Pankow) auf östlichem Gebiet wurden nicht mehr besetzt und die Sicherungsanlagen durchgeschaltet. Der S-Bahnhof Bornholmer Straße wurde geschlossen.

Betrieblich ungünstig war der Gemeinschaftsbetrieb von Fernbahn und S-Bahn auf der zweigleisigen Güterzugstrecke zwischen Pankow und Schönhauser Allee. Diese war erst am 25. Dezember 1952 elektrifiziert worden, damit im Ost-Berliner S-Bahn-Verkehr die Züge zwischen Ostring und Bernau den im Westen gelegenen Bahnhof Gesundbrunnen umfahren konnten. Mit einer 40-Minuten-Zugfolge der S-Bahn kam man nach dem 13. August 1961 nicht mehr aus. Man brauchte 20- bzw. zeitweise 10-Minuten-Zugfolgen. Der Gemeinschaftsbetrieb mit dem Güterverkehr war deshalb durch den Bau einer eigenen S-Bahn-Strecke aufzuheben. Schon am 31. August 1961 bestätigte das Ministerium für Verkehrswesen der DDR das Bauvorhaben, zwischen Schönhauser Allee und Pankow separate Gleise für den S-Bahn-Verkehr anzulegen.

Darüber hinaus mußte eine Lösung entwickelt werden, den S-Bahn-Verkehr aus Oranienburg wieder an das übrige Ostberliner S-Bahn-Netz heranzuführen. Bereits bis zum 19. November 1961 war zwischen Hohen Neuendorf und Abzweig Bergfelde eine neue S-Bahn-Verbindungskurve entstanden, waren die Ferngleise des Berliner Außenrings zwischen

S-Bahnhof Bornholmer Straße, 1980. Fotos: Landesarchiv Berlin

Schönfließ und Abzweig Karow West und die vorhandene Gleisverbindung zwischen Abzweig Karow West und Berlin-Blankenburg mit Stromschienen ausgerüstet und zwei neue Blockstellen eingerichtet worden. Am gleichen Tag begann auch zwischen Berlin-Pankow und Berlin-Blankenburg der zweigleisige S-Bahn-Betrieb. Die S-Bahn-Züge der Zuggruppe K endeten von Oranienburg kommend vorübergehend in Berlin-Pankow. Erst am 10. Dezember 1961 war die neue S-Bahn-Strecke zwischen Schönhauser Allee und Berlin-Pankow fertiggestellt, und die Zuggruppe K fuhr zwischen Oranienburg und Warschauer Straße. Während der Bauarbeiten für die neue Strecke wurde in Schönhauser Allee das S-Bahn-Gleis von Gesundbrunnen nach Schönhauser Allee als Kehrgleis genutzt und danach abgebaut.

Die früheren Verbindungsgleise vom S-Bahnhof Bornholmer Straße in Richtung Pankow wurden abgebaut. Von Ost wie West gleichermaßen unzugänglich, lag im Grenzgebiet die Schaltwarte Pankow, von der aus die Stromversorgung der nördlichen Vorortstrecken gesteuert wurde. Nur unter strengster Bewachung erhielten hier die Eisenbahner des Bahnstromwerks Zutritt.

Güterzugverkehr am Bahnhof Bornholmer Straße, dicht am Grenzzaun.
Foto (um 1970): Archiv M. Lange, Berliner S-Bahn-Museum

Bahnhof Bornholmer Straße, Bauarbeiten zur Wiederinbetriebnahme.
Foto: M. Zaretzki, 1990

S-Bahn West und „aufgestockte" Mauer an der Bornholmer Straße.
Foto (August 1987): M. Lange, Archiv Berliner S-Bahn-Museum

Grenzverlauf und Bahnanlagen Bornholmer Straße, Wollankstraße:
Dargestellt sind alle Signale und die S-Bahn-Stromschienen-Abschnitte. Archiv B. Kuhlmann, Stand: 1. Dezember 1976

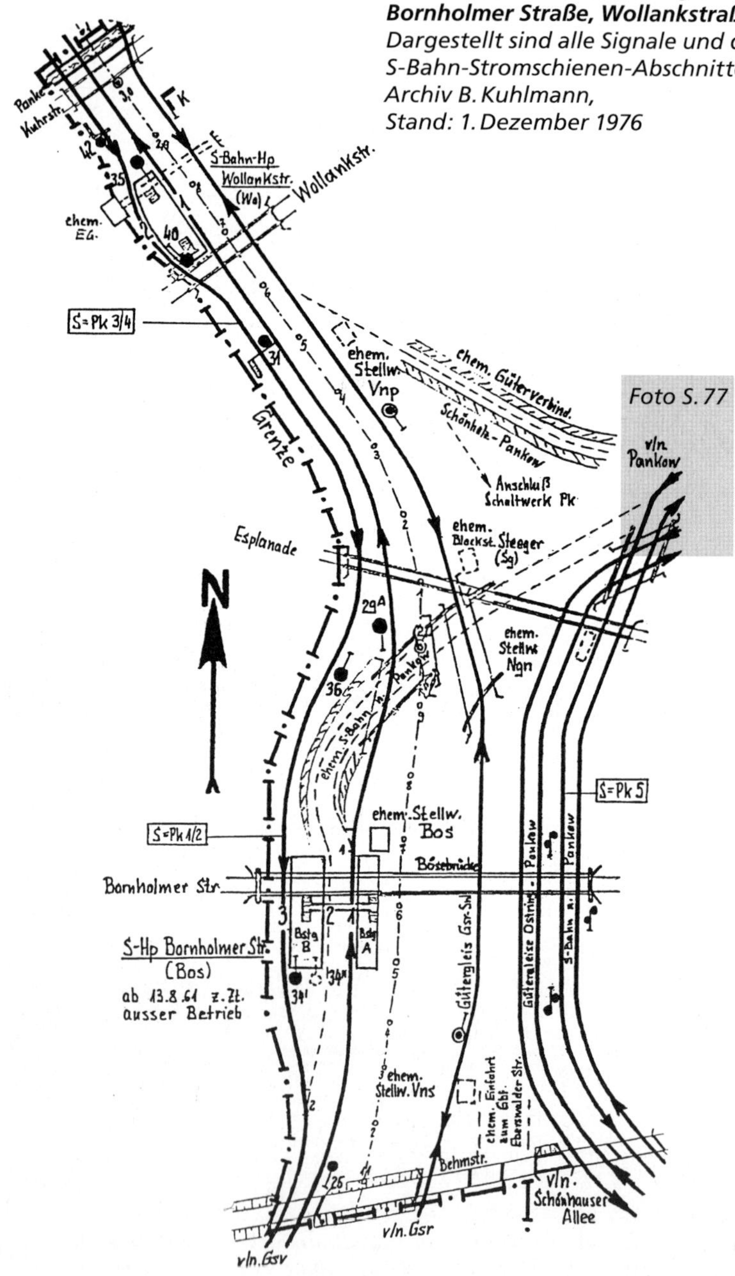

Die S-Bahn-Gleise von Pankow in Richtung Schönhauser Allee werden nordöstlich Bornholmer Straße an der Grenze vorbeigeführt. Foto (8. Dezember 1961): Deutsche Reichsbahn, Archiv S-Bahn-Museum

Nordbahn
Bahnhöfe mit Sonderstatus
Wollankstraße

S-Bahn-Streckenabschnitt
Gesundbrunnen–Schönholz

Der auf Ost-Berliner Gebiet, allerdings westlich der Grenz-Sperranlagen, gelegene S-Bahnhof Wollankstraße blieb nach dem Mauerbau für den Fahrgastbetrieb geöffnet. Seit dem 13. August 1961 war er allerdings nur noch von West-Berlin aus zugänglich. Das ehemalige Empfangsgebäude und der Tunneldurchgang Richtung Pankow wurden vermauert.

Bernd Kuhlmann berichtete im Buch Züge durch Mauer und Stacheldraht (Verlag GVE, Berlin 1998): „Erlitten Reisende auf dem Bahnhof Unfälle und bedurften sie medizinischer Hilfe, mußte diese über einen komplizierten Meldeweg in Ost-Berlin angefordert und durch das Grenzgebiet begleitet werden. Der Zugang aus dem Osten war durch eine Seitentür in der Stützwand des Bahndammes von der Wollankstraße aus möglich. Den gleichen Zugang nutzten auch Angehörige des DDR-Ministeriums für Staatssicherheit und der Ost-Berliner Kriminalpolizei, um in den Räumen unter den Gleisen Verhöre von West-Berlinern zu führen, die auf östlichem Gebiet ‚straffällig' geworden waren. Vielleicht war eine Seitentür, die von der Unterführung der Wollankstraße direkt zu den Räumen unterhalb des Bahnviadukts führte, auch eine ‚Schleuse' zum Bahnsteig des S-Bahnhofs Wollankstraße, zum Beispiel für im Westen operierende Ost-Agenten."

Wollankstraße, 13. November 1989:
Die „Agententür" wird geöffnet.
Foto: J. Hartl

Über eine „Agentengeschichte der besonderen Art" berichtete die Zeitschrift „Verkehrsgeschichtliche Blätter" in der Ausgabe Nr. 5/2002:

„Am 27. Januar 1962, einem Sonnabend, versah eine Eisenbahnerin der Deutschen Reichsbahn Dienst als Aufsicht auf dem S-Bahnhof Wollankstraße. Gegen 17.15 Uhr bemerkte sie, daß das Mosaikpflaster vor der Warteraumtür in der Bahnsteigmitte rissig geworden und abgesackt war. Sie prüfte das umliegende Pflaster mit einem Stock, die Oberfläche gab nach, und es entstand ein Loch von ca. einem Quadratmeter Durchmesser und einem Meter Tiefe. Der eilig herbeigerufene Dienstvorsteher des Bahnhofs und der Streckenmeister der Bahnmeisterei Schönholz vermuteten, daß der Erdrutsch seine Ursache in einem seit Wochen bestehenden Wasserrohrbruch hatte.

Sie ordneten die weitere Beobachtung der Einbruchstelle durch die Aufsicht an und verständigten die S-Bahn-Dispatcherleitung Nord-Süd sowie die Oberdispatcherleitung (Odl).

Gegen 20.30 Uhr kam ein junger Mann die Bahnsteigtreppe von der Wollankstraße aus zum S-Bahnsteig herauf. Nach dem 13. August 1961 war das der einzige noch geöffnete Bahnsteigzugang. Er teilte der Aufsicht, die sich gerade an der Bahnsteigsperre aufhielt, mit, daß der Erdrutsch durch das Graben eines unterirdischen Ganges unter dem Bahnsteig entstanden sei, der von der Nordbahnstraße zu einem roten Fabrikgebäude auf dem Hinterhof eines Gebäudes in der Schulzestraße führt. Studenten wollten ihre Angehörigen aus dem Demokratischen Berlin – wie seinerzeit die östliche Seite den von ihr verwalteten Teil der Stadt offiziell benannte – nach West-Berlin führen, so vermeldete er. Die Motivation des jungen Melders blieb im Dunkeln.

Der daraufhin sofort wieder verständigte und herbeigeeilte Dienstvorsteher unterrichtete nach Anhören der Aufsicht die Oberdispatcherleitung. Der Fahrdienstleiter auf dem Bahnhof Schönholz wurde angewiesen, allen S-Bahn-Zügen einen schriftlichen Befehl mit der Weisung auszuhändigen, auf der Station Wollankstraße vor der Wärterhaltscheibe Sh2 zu halten und auf Weisung mit Schrittgeschwindigkeit über die vermutete Einsturzstelle zu fahren.

S-Bahnhof Wollankstraße, 1961 bis 1989:
Ein Hinweisschild warnte die Fahrgäste der S-Bahn West.
Die Grenze zu Ost-Berlin verlief unmittelbar an der Bauwerkskante des Bahnhofs-Viadukts. Foto (November 1965): Landesarchiv Berlin

Kurz vor 22.00 Uhr erhielt der Bahnhofsvorsteher vom Betriebsleiter der S-Bahn den Auftrag, in Begleitung der West-Berliner Polizei den vermeintlichen Tatort an der Nordbahnstraße zu besichtigen. Doch die Polizisten vom nahen Revier 48/49 in der Prinzenallee lehnten das Ansinnen mit der Bemerkung ab, daß ihnen das Vorkommnis nicht bekannt sei und das betreffende Gebiet in Ost-Berlin liege.

Nach 23.00 Uhr beobachteten die Eisenbahner, wie ca. acht bis zehn Jugendliche auf der Nordbahnstraße Werkzeuge und Geräte auf einen Lieferwagen verluden und das Tor eines Bahnbogens verschlossen. Später wurden Holzbohlen verladen und die letzten kurz vor 1.00 Uhr abtransportiert.

Am Sonntagmorgen gegen 4.00 Uhr erhielten ein Oberbaukontrolleur der Reichsbahndirektion Berlin und der Dienstvorsteher des Bahnhofs Schönholz von der Oberdispatcherleitunng der S-Bahn den Auftrag, den Tatbestand an Ort und Stelle allein festzustellen. Sie öffneten die Tür des betreffenden Viaduktbogens an der Nordbahnstraße, an dem man während der Nacht die Aktivitäten der ‚Mineure' beobachtet hatte (Es könnte einer der beiden etwa in Bahnsteigmitte gelegenen Bögen Nr. 12 oder 13 gewesen sein.) Beide stellten fest, daß in dem Gewölbebogen begonnen worden war, ein Stollensystem unter dem Bahndamm in Richtung Ost-Berlin voranzutreiben. Es war versucht worden, die Fundamente mehrerer Gewölbe an verschiedenen Stellen zu untergraben, das war aber nur an einem Fundament gelungen. Die 23 Gewölbe sind untereinander durch Mauerdurchbrüche durchgehend begehbar.

Die Lage der Grabungsstelle war mit der Einbruchstelle auf dem Bahnsteig identisch. Die Strecke vom Beginn der Grabungsstelle bis zu besagtem Fabrikgebäude an der Schulzestraße hätte ca. 30 Meter betragen. Das Fluchthilfeunternehmen war anscheinend etwas dilettantisch begonnen worden. Der Grabungsort lag gewissermaßen unter den Augen der Eisenbahner des Bahnhofs Wollankstraße und war – wie auch die An- und Abfuhr des Materials – von den Anwohnern der Nordbahnstraße gut einsehbar. Offenbar hatten die ‚Mineure' die Risiken eines Tunnelbaus an einer derart sensiblen und gefährlichen Stelle nicht genügend bedacht. Wenn auch das stadteinwärts führende Gleis auf sicheren Gewölben und Fundamenten lag und vermutlich zu keinem Zeitpunkt gefährdet war, so hätte man beim Weitergraben mit Gefahren sowohl für den Eisenbahnverkehr als auch für die Tunnelbauer und die ihn nach seiner Fertigstellung wohl auch benutzenden Menschen rechnen müssen.

Fünf Tage nach der Entdeckung des Tunnelbaus wurden am 1. Februar 1962 ca. 200 in- und ausländische Pressevertreter zum Ortstermin an die Nordbahnstraße geladen und dort vom DDR-Verkehrsminister Erwin Kramer empfangen. Vizepräsident Marx von der Reichsbahndirektion Berlin erklärte den neugierigen Journalisten im Bahnbogen die tunnelbaulichen Einzelheiten. Man nehme an, so wurde den Journalisten erklärt, daß der Stollen bereits 25 Meter durch den Bahndamm vorgetrieben worden sei. Einen Ausgang auf Ost-Berliner Seite habe man nicht entdeckt. Als die Journalisten – darunter befanden sich auch zahlreiche

Berichterstatter aus der DDR – die Schadensstelle auf dem Bahnsteig besichtigten, erteilte die Aufsicht den herannahenden S-Bahn-Zügen den Durchfahrauftrag. Man wollte anscheinend die Peinlichkeit einer möglichen ‚Republikflucht' von DDR-Pressevertretern mit einem S-Bahn-Zug verhindern.

Der Reichsbahn-Direktionspräsident Arndt sandte im Namen von Verkehrsminister Kramer einen Protestbrief an den West-Berliner Senat. Auch Außenminister Winzer blieb nicht untätig und klärte den Oberbefehlshaber der französischen Besatzungsmacht in Deutschland, Divisionsgeneral J. Lavomme, in einem Protestschreiben im Auftrag der Regierung der DDR darüber auf, daß durch den Tunnelbau nicht nur die eisenbahnseitige Versorgung und der Berufsverkehr der West-Berliner Bezirke im nördlichen Teil der Stadt, sondern auch die Militärtransporte für die französische Besatzungsmacht erheblich gefährdet worden seien.

Wie stets bei derartigen Anlässen sandten DDR-Werktätige aus zahlreichen Betrieben und Einrichtungen spontan Protestresolutionen insbesondere an das Verkehrsministerium und erklärten sich darin mit den Forderungen ihrer Partei- und Staatsführung solidarisch. Neben Protestbriefen, u. a. der Jugendlokbrigade E 04 05 vom Bw Leipzig Hbf West und der Eisenbahner des Bahnhofs Berliner Zoologischer Garten, mobilisierte die Betriebsgewerkschaftsleitung der Schuhfabrik ‚Banner des Friedens' aus Weißenfels die Belegschaft und sammelte 510 Unterschriften."

S-Bahnhof Wollankstraße, der Ausgang Sternstraße 1961 bis 1989:
Blick von West-Berlin auf die Viaduktstrecke der Nordbahn.
Das Bahnhofsgebäude blieb während der Zeit der Teilung verschlossen.
Foto (April 1974): Landesarchiv Berlin

3.5 Umlandverbindungen gekappt

Heiligensee – Hennigsdorf

S-Bahn-Streckenabschnitt
(Velten–) Hennigsdorf–Schönholz

Der Mauerbau schnitt Hennigsdorf, dessen Stahlwerk und Eisenbahnfabrik bedeutende Industriestandorte im Berliner Umland waren, von den Westsektoren und der direkten Verbindung nach Ost-Berlin ab. Kurz hinter dem West-Berliner S-Bahnhof Heiligensee wurden die Gleise unterbrochen und der Bahndamm abgetragen. Da allerdings in Velten eine Triebwagenhalle für die Unterbringung und einfache Wartung von S-Bahn-Wagen bestand, konnte auf dem verbliebenen Reststück in der DDR der S-Bahn-Betrieb aufrechterhalten werden. Zwischen den Stationen Velten und Hennigsdorf verkehrten deshalb (bis 1984) weiterhin die gewohnten Berliner S-Bahnzüge. Mit der Elektrifizierung des Nördlichen Berliner Außenrings und mit der Umstellung der Stromversorgung auf Wechselstrom-Oberleitung kam das „Aus" für die S-Bahn. Seitdem befuhren lokbespannte Doppelstockzüge den „Einstich" vom Außenring ins Zentrum von Hennigsdorf. Auf der Strecke der Kremmener Bahn fuhren Dieselzüge von Hennigsdorf über Velten nach Nordwesten.

Der Streckenabschnitt zwischen Hennigsdorf und der Stadtgrenze Berlins, wo sich noch der zu Kontrollzwecken angelegte Haltepunkt Stolpe Süd befand, wurde vom 13. August 1961 bis Dezember 1998 nicht mehr befahren. Auf West-Berliner Seite kehrten die S-Bahn-Züge bis Januar 1984 am Bahnsteig des in der Nachkriegszeit eingleisigen S-Bahnhofs Heiligensee.

Endstation für die Züge der S-Bahn West. Foto: J. Hartl, 10. Mai 1981

Im ehemaligen Empfangsgebäude des Bahnhofs Hennigsdorf:
Ein Wandbild zeigte das Netz der Schienenstrecken der Umgebung.
Foto (1961): Deutsche Reichsbahn

Die Nordstrecken im geteilten S-Bahn-Netz von 1966.

Grenzbahnhof Stolpe Süd im März 1962. Foto: Landesarchiv Berlin

Die Stadtgrenze nördlich Heiligensee 1962. Foto: Landesarchiv Berlin

Die S-Bahn-Brücke nördlich Heiligensee. Foto: J. Hartl, 10. Mai 1981

Ein S-Bahn-Brückenrest nördlich Heiligensee. Foto: M. Lange, Juli 1990

Umlandverbindungen
gekappt

Frohnau–Hohen Neuendorf

S-Bahn-Streckenabschnitt
Gesundbrunnen–Schönholz–Oranienburg

In den Jahrzehnten vor dem Zweiten Weltkrieg war der Raum zwischen Frohnau und Oranienburg intensiv besiedelt worden. Die zunächst kleinen Orte wuchsen zu einem fast durchgängigen Siedlungsband zusammen. Viele Pendler fuhren hier von Oranienburg, Lehnitz, Borgsdorf, Birkenwerder und Hohen Neuendorf nach Berlin zur Arbeit. Auch in die andere Richtung gab es Berufsverkehr. Die Unterbrechung der S-Bahn am 13. August 1961 war deshalb damals ein schwerwiegendes Problem.

Die Nordbahntrasse an der Berliner Stadtgrenze bei Hohen Neuendorf. Foto: J. Hartl, 12. April 1981

Zwar konnte wegen der Triebwagenhalle Oranienburg, d.h. vorhandener Werkstatteinrichtungen, zwischen Oranienburg und Hohen Neuendorf weiterhin ein elektrischer S-Bahn-Betrieb angeboten werden. Dies löste jedoch das Problem der fehlenden Anbindung an Ost-Berlin nicht. Die Deutsche Reichsbahn entschloß sich deshalb, zwischen Hohen Neuendorf und Stettiner Bahn (Strecke Pankow–Bernau) eine Verbindung im Raum Blankenburg herzustellen. Hierzu wurden teilweise neue Gleise gelegt, z.T. wurden bereits vorhandene Gleise der Fernbahn elektrifiziert. Dabei kamen auch Gleisbaumaterial und elektrische Anlagen zum Einsatz, die an anderer Stelle infolge des Mauerbaus demontiert worden waren. Ab November 1961 ging es dann wieder elektrisch von Oranienburg nach Berlin. Die S-Bahn-Gleise führten vom Außenring bei Bergfelde in einer langgezogenen Kurve direkt an der Grenze zu Berlin-Frohnau vorbei, um dann südlich von Hohen Neuendorf wieder in Richtung Birkenwerder in die Trasse der Nordbahn einzufädeln.

Auf West-Berliner Seite verursachte der Mauerbau erheblich weniger betriebliche Probleme. Die Züge aus Wannsee endeten nun in Frohnau, wo sie am Bahnsteig kehrten. Die nördlich anschließende Trasse bis zur Grenze verschwand mit den Jahren immer mehr unter hohem Grün.

Außenring-Kurve der S-Bahn im Grenzgebiet bei Hohen Neuendorf. Foto: M. Lange, April 1987

Umlandverbindungen
gekappt
Lichtenrade – Rangsdorf

S-Bahn-Streckenabschnitt
Priesterweg – Blankenfelde (– Rangsdorf)

Erst 1939, das heißt rund zehn Jahre später als auf den meisten der anderen Berliner S-Bahn-Strecken, wurde auf der Dresdener Bahn der elektrische S-Bahn-Betrieb eingeführt (Priesterweg–Mahlow); 1940 ging es dann elektrisch sogar bis Rangsdorf. Rüstungs- und Militäreinrichtungen waren damals die Gründe für den Ausbau des Nahverkehrs.

Am 13. August 1961 kam der Moment der Teilung. In West-Berlin war in Lichtenrade Schluß. Prellböcke wurden aufgestellt, die Schranke über die Bahnhofstraße konnte nunmehr stets geöffnet bleiben.

Auf östlicher Seite wurde noch für einige Wochen ein elektrischer Pendelverkehr aufrecht erhalten. Dann übernahmen mit Lokomotiven bespannte Züge den Verkehr zwischen Mahlow und Wünsdorf bzw. Blankenfelde. Ab 1963 bis etwa 1966 verkehrte ein mit einer blauen Lok bespannter Wagen, der nach einer beliebten Sendung im Westfernsehen den schönen Spitznamen „Blauer Bock" erhielt. Bis 1991 gab es hier Dieselzüge – danach begann der Wiederaufbau der S-Bahn.

S-Bahnhof Lichtenrade mit Prellbock. Foto (1980): Landesarchiv Berlin

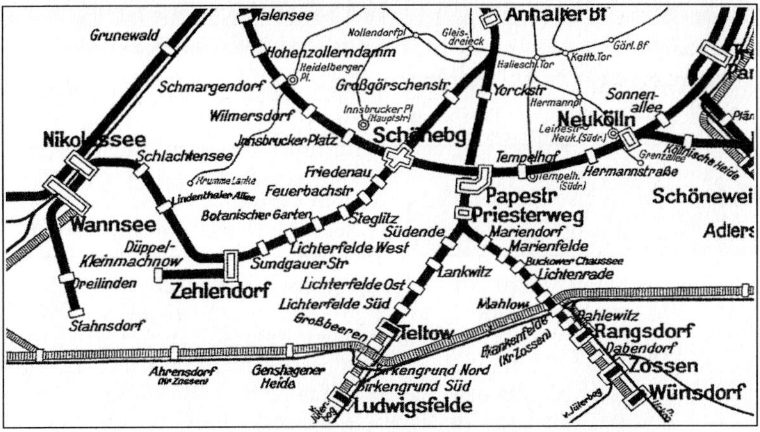

Übersichtskarte der Berliner S-Bahn vom Mai 1961 (Ausschnitt): *Noch führen die Strecken im Süden und im Südwesten Berlins über die Stadtgrenze hinaus, nach Rangsdorf, Teltow und Stahnsdorf. Südlich davon verläuft in Ost-West-Richtung (schraffiert dargestellt), der Berliner Außenring zur Umfahrung West-Berlins.*

Rainer P.
„S-Bahn-Gleis unterbrochen"

Am 12. August 1961, Samstagnachmittag, hatten mich Bekannte in Pankow zu einer Geburtstagsfeier eingeladen. Gegen Mitternacht war ich wieder in Blankenfelde. Ich ahnte noch nicht, daß es vorläufig die letzte S-Bahnfahrt über Mahlow für über 31 Jahre werden sollte.

Kaum zu Hause, klingelte ein Kollege vom Bahnhof Mahlow an der Gartentür. Ich war damals Vertreter des Dienstvorstehers. Der wohnte in Teltow, so daß ich bei Betriebsunregelmäßigkeiten und Personaleinsatz-Problemen außerhalb der normalen Tagesdienstzeit meist zuerst zu erreichen war. Ich glaubte somit an irgend ein Routineproblem. Der Kollege war jedoch so aufgeregt, daß er mir nicht klar sagen konnte, was überhaupt los sei. Es sei vom Minister für Verkehr Alarm ausgelöst worden. Sofort sollte ich zur Dienststelle kommen. Der Chef sei auch alarmiert. Mir kam das alles sehr eigenartig vor. Ich fuhr mit dem Fahrrad zum Bahnhof Mahlow, wo ich gegen 0.45 Uhr eintraf.

Auf dem Stellwerk herrschte eine bedrückende Atmosphäre. Ein Transportpolizist mit übergeschultertem Karabiner sowie ein wortkarger Mann in hellem Sommermantel waren bereits dort. Mit leiser, bewegter Stimme übergab mir der Fahrdienstleiter ein Schreiben des damaligen DDR-Verkehrsministers Erwin Kramer an den Dienstvorsteher des Bahnhofs Mahlow. Wir wurden damit aufgefordert, unsere eigenen Betriebsanlagen, das heißt das S-Bahngleis nach Lichtenrade, unbrauchbar zu

machen. Der Dienstvorsteher habe dafür Sorge zu tragen, daß das Gleis zwischen Kilometer 14,9 und 15,0 nahe der Stadtgrenze durch Abbau einer Schiene auf 25 Meter Länge unterbrochen wird. Der Minister berief sich auf einen Beschluß des Ministerrats der DDR.

Mein Chef traf dann gegen 1.15 Uhr auf dem Stellwerk ein. Seine Reaktion: „Junge, jetzt wird dichtgemacht, was machen wir denn nun?" Wir versuchten telefonisch Kontakt zum damaligen vorgesetzten Reichsbahnamt Berlin-Grünau und zur Oberdispatcherleitung der Berliner S-Bahn in der Reichsbahndirektion herzustellen. Keiner konnte klare Anweisungen geben. Plötzlich klingelte das Telefon und wir erfuhren, daß der Hilfszug des Bahnbetriebswerks Seddin nach Mahlow unterwegs sei.

Von der Lok stieg ein Transportpolizei-Offizier, der Kontakt zu dem Mann im hellen Mantel aufnahm. Dieser wurde plötzlich gesprächig und sagte nur zu meinem Dienstvorsteher: „Genosse Dienstvorsteher, handeln Sie gemäß Befehl des Ministers!" Mein Chef gab mir daraufhin den Auftrag mit den Worten: „... fährste auf der Lok mit bis vor die Stadtgrenze, bis wohin unser Unfallmeldebezirk geht, und da läßt Du den Lokführer halten. Alles weitere sollen die machen." Gemeint war die Hilfszugmannschaft des Bahnbetriebswerks Seddin. Bis gegen 4 Uhr sollte alles erledigt sein. Es war aber schon nach 5 Uhr und taghell, als die Demontage der Schiene beendet war.

Auf Lichtenrader Seite herrschte tiefe Stille. In dem Hilfszug, bestehend aus drei Gerätewagen, befand sich eine Gruppe von neun Transportpolizisten. Diese waren mit Maschinenpistolen, Magazintaschen, Stahlhelmen und Schlagstöcken ausgerüstet. Der Abbau der rechten Fahrschiene in Richtung Berlin wurde von Lokschlossern schweigend, aber mit innerem Unmut unter Bewachung der Transportpolizisten ausgeführt. Nachdem die Schienenbefestigungen gelöst waren, wurde die Schiene mit Brechstangen die Böschung hinuntergekippt. In der Nähe zur Stadtgrenze tauchten mehrere DDR-Grenzposten auf. Es gab noch keine durchgängige Stacheldrahtlinie. Der Hilfszug fuhr zum Bahnhof Mahlow zurück. S-Bahnverkehr war von diesem Augenblick an zwischen Mahlow und Lichtenrade nicht mehr möglich. Etwas über vier Wochen pendelte dann die S-Bahn noch zwischen Mahlow und Rangsdorf, bevor sie über Fernbahngleise nach Berlin-Grünau abgezogen wurde.

Keinem wünsche ich, daß er jemals wieder so etwas erlebt, was sich damals in und um Berlin ereignet hat. Das Nichtaufbegehren der Menschen im Jahre 1961 war der Ausdruck einer tiefen Depression. Die Erinnerung daran beschäftigt die ältere Generation sicher mehr als die jüngere. Zurückliegende Ereignisse dürfen jedoch, solange Menschen keine Schuld auf sich geladen haben, nicht in neue Demütigungen und Ausgrenzung ausarten. *(Foto „Kilometer 14,9": Archiv S-Bahn-Museum)*

Umlandverbindungen
gekappt

Lichterfelde Süd–Teltow

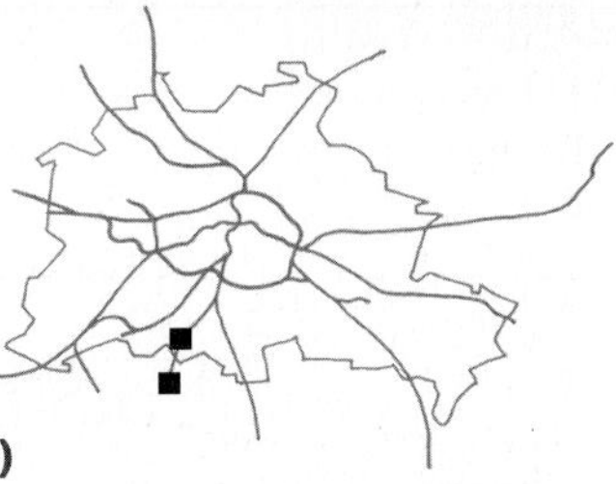

S-Bahn-Streckenabschnitt
Priesterweg–Lichterfelde Süd (–Teltow)

1943 war beabsichtigt, die S-Bahn weit in den südlichen Berliner Raum in Richtung Großbeeren/Ludwigsfelde zu führen. Südlich der Berliner Stadtgrenze entstand ein Bahndamm, der für den S-Bahn-Verkehr vorgesehen war. Die S-Bahn wurde zunächst von Lichterfelde Ost nach Lichterfelde Süd verlängert, wo zugleich eine Umsteigemöglichkeit zum Vorortverkehr geschaffen worden war.

1951 wurde die elektrische S-Bahn dann bis Teltow verlängert. Gleichzeitig endete der Dampf-Vorortverkehr aus Richtung Großbeeren statt in Berlin Anhalter Bahnhof in Teltow. Teltow wurde Kontrollbahnhof.

S-Bahnhof Lichterfelde Ost

Nachdem für West-Berliner ab 1952 das Einreiseverbot in die DDR bestand, waren Hinweise wie dieser wichtig, um Kontrollen und Verhöre durch die östliche Polizei zu vermeiden.

Foto (um 1957): Berliner S-Bahn-Museum (Archiv)

Ein Gleichrichter-Unterwerk in Teltow

Foto (1990): Archiv S-Bahn-Museum

Zur besseren Stromversorgung für die 1951 von Lichterfelde Süd nach Teltow verlängerte S-Bahn-Strecke wurde schließlich im Jahre 1961 dieses Unterwerk fertiggestellt.

Weil in der Nacht vom 12. zum 13. August 1961 bei Betriebsschluß ein Zug in Teltow verblieben war, soll es für nur eine einzige Zugfahrt nach West-Berlin in der Nacht vom 14. zum 15. August noch einmal eingeschaltet worden sein, so wird berichtet.

Die Gleichrichter und die übrigen elektrischen Anlagen wurden nach der Teilung Berlins ausgebaut, um sie an anderer, dringend benötigter Stelle wieder zu verwenden.

Mit dem 13. August 1961 kam das „Aus" für den elektrischen S-Bahn-Betrieb nach Teltow. Der 1942 zunächst für Dampfzüge in Betrieb genommene, ab 1951 dem S-Bahn-Verkehr dienende Bahnsteig in Hochlage wurde stillgelegt und verschwand langsam unter Grün. Nur der Durchgang blieb in Funktion und diente nun als Passage zwischen dem ehemaligen Vorortbahnhof und der Bushaltestelle.

Der Bahnhof Lichterfelde Süd wurde wieder zum Endpunkt, diesmal für die S-Bahn in West-Berlin. Mit der Übernahme des S-Bahn-Betriebs in West-Berlin durch den städtischen Verkehrsbetrieb BVG ging am 9. Januar 1984 auch der Streckenabschnitt Priesterweg–Lichterfelde Süd außer Betrieb. Seit 1998 fahren wieder S-Bahnen bis nach Lichterfelde Süd, an einer Verlängerung der Strecke nach Teltow-Stadt wird gearbeitet.

Lichterfelde Süd 1961, Blick auf die Stadtgrenze nach Süden:
Stacheldraht auf dem Bahndamm und das unterbrochene S-Bahn-Gleis.
Foto: Landesarchiv Berlin

S-Bahnhof Teltow, einst auf dem Bahndamm. Foto: M. Lange, 1990

Umlandverbindungen
gekappt
Düppel-Kleinmachnow

S-Bahn-Strecke außer Betrieb
Zehlendorf–Düppel-Kleinmachnow

Die Stammbahn war schon lange vor dem Mauerbau ein Opfer der deutschen Teilung geworden. Kurz vor Kriegsende 1945 wurde diese Verbindung zwischen Berlin und Potsdam – sie war die erste Eisenbahnstrecke Preußens – durch die Sprengung der Teltowkanalbrücke unterbrochen. Nach 1945 wurden zudem zwischen Düppel-Kleinmachnow und Griebnitzsee die Schienen demontiert.

Um Kleinmachnow wieder an Berlin anzubinden, wurde im Dezember 1945 ein Pendelverkehr mit Dampfzügen nach Zehlendorf eingerichtet. 1948 elektrifizierte die Deutsche Reichsbahn diese Strecke. Nun verkehrte alle 20 Minuten ein S-Bahn-Zug von Zehlendorf nach Düppel-Kleinmachnow. Trotz des seit 1952 geltenden Einreiseverbots für West-Berliner in die DDR gab es aber immer noch genügend Fahrgäste, die in Kleinmachnow wohnten.

Erst nach Schließung der Grenzen zu West-Berlin am 13. August 1961 wurde es still um die Strecke. Zwar blieb sie weiter in Betrieb (noch bis 1973 hieß die Station Düppel-Kleinmachnow), aber ohne die Kleinmachnower und ohne die durch den S-Bahn-Boykott vertriebenen West-Berliner Fahrgäste aus Düppel fuhr der Zug, bald nur noch mit zwei Wagen, fast immer leer. Das Personal kannte die Reisenden persönlich.

Im Jahre 1980 wurde der Betrieb auf der Wannseebahn und auch zwischen Zehlendorf und Düppel eingestellt; Die Trasse der ehemaligen Stammbahn im Süden Berlins wurde von Gestrüpp überwuchert. Heute ist sie eine „Grüntrasse“, ein Spazierweg mit Schienenresten.

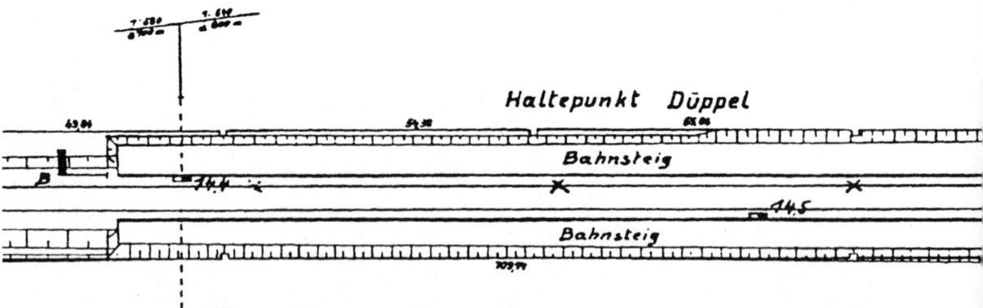

Haltepunkt Düppel, Zustand 1. Februar 1947
An der Grenze zwischen Berlin-Zehlendorf und Kleinmachnow ist das durchkreuzte Gleis entfernt. Zeichnung: Archiv Berliner S-Bahn-Museum

S-Bahn-Viertelzug, 1975 am Haltepunkt Düppel. Foto: M. Götze

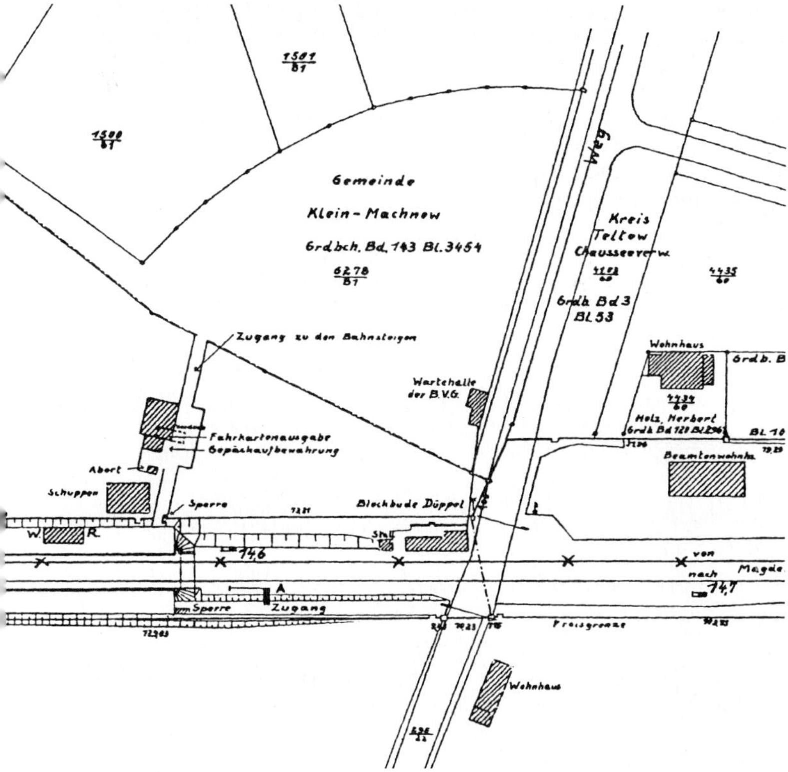

Der S-Bahn-Zugang Düppel an der DDR-Grenze im Südwesten Berlins. Foto: Landesarchiv Berlin, April 1974

Halbzug mit vier Wagen, 1962 in Düppel. Foto: Archiv S-Bahn-Museum

Düppel, 31. August 1961: Blick auf die ehemalige Stammbahn-Trasse in Richtung Griebnitzsee. Foto: Landesarchiv Berlin

Der gleiche Blick wie oben – die Grenze 28 Jahre später. Foto: M. Lange

Umlandverbindungen
gekappt

Wannsee–Stahnsdorf

S-Bahn-Strecke außer Betrieb
Wannsee–Dreilinden–Stahnsdorf

Im Raum Wannsee – Potsdam wurden zwei S-Bahn-Verbindungen durch den Mauerbau unterbrochen:

- der Stammbahn-Abschnitt Wannsee–Griebnitzsee–Potsdam und
- die Friedhofsbahn nach Stahnsdorf.

Die Friedhofsbahn nach Stahnsdorf führte schon seit 1952 nur noch ein Schattendasein. Ihr ursprünglicher Zweck lag in der Erschließung des Stahnsdorfer Friedhofs. Da dieser überwiegend von Berliner Gemeinden genutzt wird, West-Berliner aber seit 1952 die Grabstätten nur mit Sondergenehmigungen aufsuchen durften, hatte die Friedhofsbahn ihren Daseinszweck nahezu eingebüßt. Nur wenige Stahnsdorfer oder Anwohner aus Dreilinden nutzten sie zur Fahrt nach Berlin.

Nachdem das Gleis – die Strecke war weitgehend eingleisig – nördlich des S-Bahnhofs Dreilinden unterbrochen worden war, begann man bald, die noch vorhandenen elektrischen und sonstigen Anlagen zu demontieren. Später wurde sogar der Bahneinschnitt im Grenzbereich zugeschüttet. Nur Spuren im Wald erinnern heute noch, südlich des Bahnhofs Wannsee, an diese Bahn.

S-Bahnhof Stahnsdorf, Empfangsgebäude. Foto: Archiv M. Lange, 1973

S-Bahn-Relikte im Wald südlich Wannsee. Foto: S-Bahn-Museum, 2000

Durchtrennte Schiene im Wald. Foto: S-Bahn-Museum, 2000

Umlandverbindungen gekappt

Wannsee–Potsdam

S-Bahn-Streckenabschnitt Westkreuz–Potsdam

Die Schließung der West-Berliner Grenzen trennte auch die Nachbarstädte Potsdam und Berlin voneinander. Nun waren weite Umfahrungen über den Berliner Außenring nötig, um von Potsdam nach Berlin, d. h. nach Ost-Berlin, zu gelangen. Nach West-Berlin gab es keine Verbindung mehr. Die Reisezüge des Interzonenverkehrs – und später dann auch die Transitzüge – fuhren in Potsdam durch, ohne zu halten.

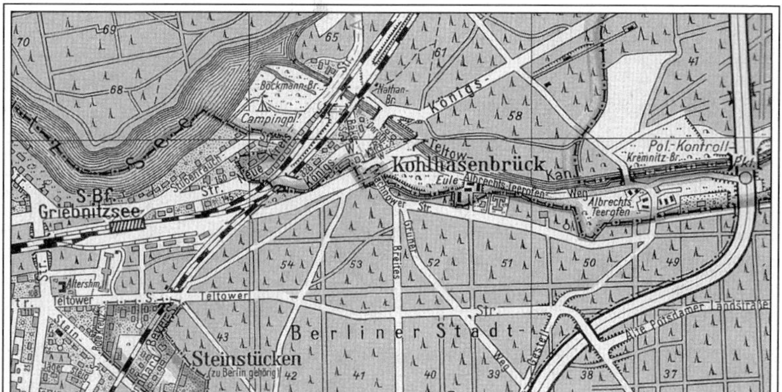

Der Königsweg von Berlin nach Potsdam bei Griebnitzsee:

Einst führte eine Straße von Kohlhasenbrück direkt nach Griebnitzsee, mit einem Bahnübergang über das S-Bahn-Gleis und mit einer Brücke über die Ferngleise.

Foto (vor 1961): I. Muster-Schatzmann, Archiv S-Bahn-Museum, Karte (nach 1961) aus: „Berlin in der Tasche"

Für kurze Zeit wurde noch ein Betrieb mit rot-gelben S-Bahn-Zügen aufrechterhalten. Nach dem Abtransport der verbliebenen S-Bahnen wurde als Ersatz auf der „Inselstrecke" zwischen Potsdam Stadt und Babelsberg ein Pendelverkehr eingerichtet.

Der S-Bahnhof Griebnitzsee war für die Öffentlichkeit in Ost und West zwischen 1961 und 1989 unerreichbar. Er lag im Grenzgebiet und war Kontrollbahnhof für die Fernzüge von und nach West-Berlin. Nur Kontrollpersonal und Reichsbahn-Bedienstete mit Sondergenehmigungen hatten Zutritt.

Die beiden Bahnhöfe bei den Zentren von Potsdam und Babelsberg hatten kaum noch verkehrliche Bedeutung. Der Bahnhofsname Potsdam war schon 1960 zum Namen Potsdam Stadt ergänzt worden. Den Namen Potsdam Hauptbahnhof sollte bis Anfang der 90er Jahre der heute unbedeutende Bahnhof Pirschheide am Berliner Außenring tragen.

In West-Berlin wuchs Gras über die Gleise. Das S-Bahnbetriebswerk Wannsee war der südwestliche Endpunkt der West-Berliner S-Bahn.

Die Verbindungen nach Potsdam in Höhe Steinstücken im Jahre 1961:
Links das Gleis nach Drewitz und die Ausfädelung nach Griebnitzsee, rechts das durchtrennte Gleis der S-Bahn nach Potsdam.
Foto: Landesarchiv Berlin

Berliner S BAHN Museum

Das S-Bahn-Gleichrichterwerk Griebnitzsee im Sommer 1990:
In der oberen Etage befindet sich heute das Berliner S-Bahn-Museum.

Der DDR-Grenzkontrollbahnhof Griebnitzsee im Februar 1990:
Fotos: M. Lange, Archiv Berliner S-Bahn-Museum

Umlandverbindungen
gekappt
Spandau West–Staaken

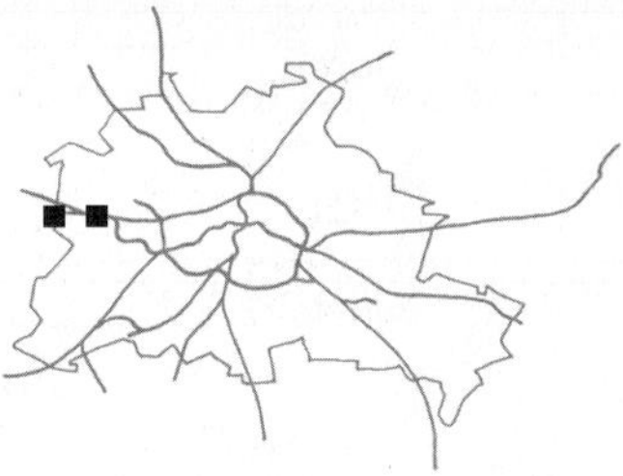

Ehemaliger
S-Bahn-Streckenabschnitt
Spandau–Staaken

Ähnlich wie heute endete bis 1951 die S-Bahn in Spandau West (dieser Bahnhof lag etwa dort, wo sich der heutige Bahnhof Berlin-Spandau befindet). Nach Wustermark und Nauen ging es mit Dampfzügen weiter, die damals vom Lehrter Bahnhof kamen.

Dann wurden die elektrischen Gleise weiter ins Umland geführt: nach Staaken und nach Falkensee. Was wenige Jahre nach dem Zweiten Weltkrieg wie ein erster Fortschritt aussah, war in Wirklichkeit ein Schritt der Abgrenzung: Durch die Erweiterung des S-Bahn-Verkehrs im Spandauer Raum bis an die Grenze des britischen Sektors (Staaken) oder über die Sektorengrenze hinaus (über Albrechtshof nach Falkensee) konnten

- am Übergangspunkt von den Dampf-Vorortzügen zur S-Bahn leicht Kontrollen eingerichtet werden,
- die S-Bahnzüge während der nächtlichen Betriebspausen auf dem Territorium der DDR abgestellt werden und
- die Dampf-Vorortzüge aus West-Berlin zurückgezogen werden; dies ermöglichte betrieblich die Schließung des alten Lehrter Bahnhofs.

S-Bahnhof Staaken – der Zugang vom Nennhauser Damm verfällt.
Foto (März 1973): Landesarchiv Berlin

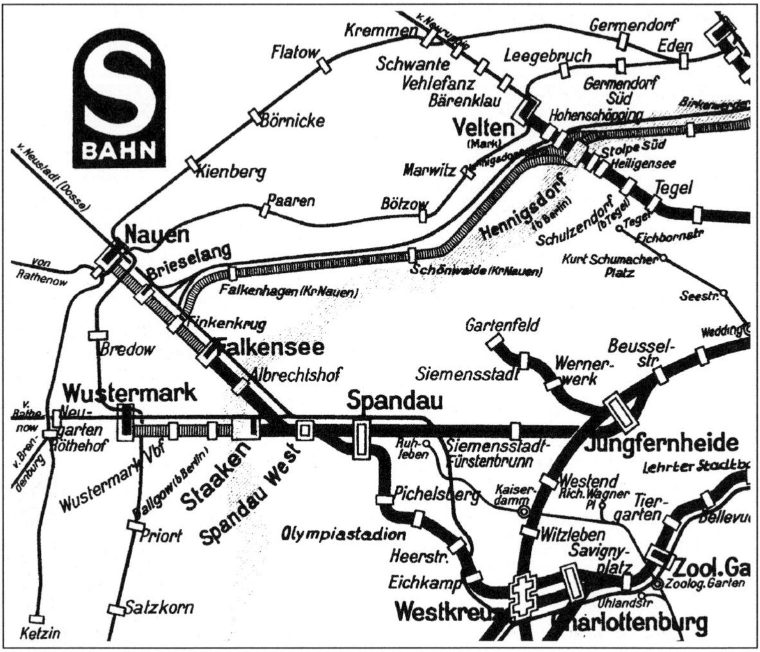

Im S-Bahn-Netz von 1960 sind die Vorortstrecken schraffiert dargestellt.

In Staaken lag der S-Bahnsteig in West-Berlin (östlich des Nennhauser Dammes), der Vorortbahnsteig aber in West-Staaken, das seit einem Gebietsaustausch zwischen dem britischen Sektor und der sowjetischen Zone verwaltungsrechtlich zum Ost-Berliner Bezirk Mitte (später zum Bezirk Potsdam der DDR) gehörte. Beim Umsteigen mußte man also die Grenze überqueren. Auch die Abstellgleise der S-Bahn lagen auf „östlichem“ Gebiet, aber westlich des Stadtgebiets von Berlin (West).

Nach dem Mauerbau wurde der S-Bahnsteig weiter genutzt, doch es gab eine Unterbrechung des S-Bahn-Verkehrs zwischen Spandau West und Staaken für rund ein halbes Jahr. Danach wurde nur noch eine Bahnsteigkante genutzt. Der Zugang erfolgte nun über das stillgelegte Gleis. Für den direkten Treppenzugang zum Nennhauser Damm und den Bahnsteigteil nahe der Grenze begann der Verfall.

Auf der anderen Seite des Nennhauser Dammes, westlich des West-Berliner Gebiets, wurde die „Grenzsicherung“ schrittweise verstärkt, bis Mitte der 70er Jahre der Bahnsteig für den Vorortverkehr in den Raum westlich Berlins tiefer ins DDR-Gebiet, um rund 700 Meter weiter nach Westen, verlegt wurde. Ab 1976 gab es hier noch einen weiteren Bahnhof. Auch er trug den Namen Staaken und diente ausschließlich als Grenzkontrollbahnhof für die Reisezüge des Transitverkehrs zwischen Berlin und Hamburg.

Vorortverkehr in Staaken im Juli 1967. Foto: Landesarchiv Berlin

Staaken, 1974: Stacheldraht am Nennhauser Damm. Foto: M. Götze

Güterzug im Grenzbereich Staaken. Foto: Archiv S-Bahn-Museum

S-Bahnhof Staaken, Zug nach Gesundbrunnen. Foto: W. Gesche, 1969

Umlandverbindungen
gekappt

Spandau West – Falkensee

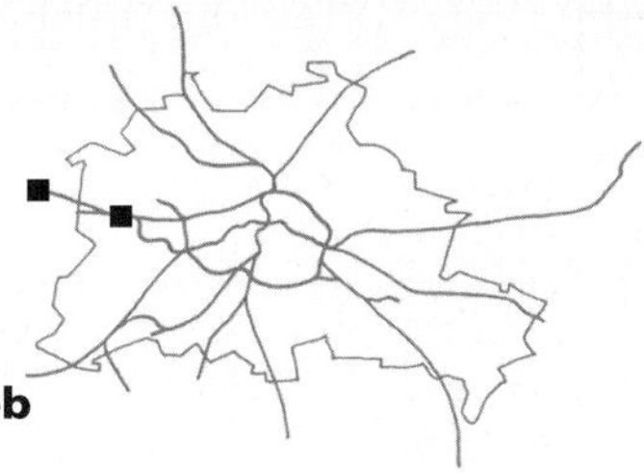

S-Bahn-Streckenabschnitt außer Betrieb
Spandau – Albrechtshof – Falkensee

Der Raum um Staaken, um Albrechtshof und um Falkensee war in den 30er und 40er Jahren zunehmend besiedelt worden. Wohnungsbau und (Rüstungs-)Industrie führten zu dem Wunsch, die elektrische S-Bahn über Spandau West hinaus zu verlängern. Daraus wurde zunächst aber nur ein Dampf-Vorortverkehr. Erst 1951 fuhren dann die elektrischen Züge, teilweise auf dem gleichen Gleis wie die Fernzüge von und nach Hamburg. Albrechtshof wurde zum Kontrollbahnhof, kurz hinter der neuen West-Berliner Stadtgrenze. Der 13. August 1961 brachte das „Aus" für die S-Bahn. Wenige Wochen noch pendelte zwischen Albrechtshof und Falkensee ein elektrischer S-Bahn-Zug. Dann mußte dieser Verkehr wegen fehlender Wartungsmöglichkeiten eingestellt werden.

Auf West-Berliner Seite wurde die S-Bahn-Strecke westlich von Spandau West – anstelle dieses Bahnhofs befindet sich der heutige Bahnhof Berlin-Spandau – nicht mehr befahren, da es hier keinen weiteren Bahnhof gab.

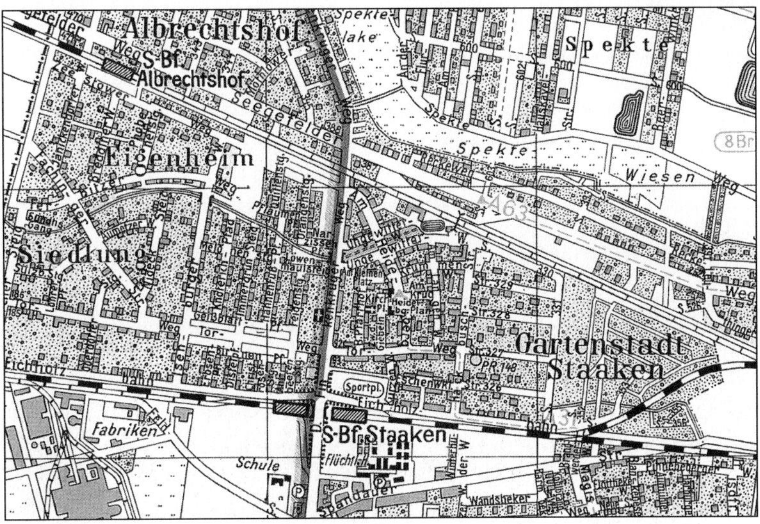

Eisenbahn und S-Bahn an der Berliner Stadtgrenze in Staaken um 1962. Kartenausschnitt aus: „Berlin in der Tasche"

REGIERUNG DER
DEUTSCHEN DEMOKRATISCHEN REPUBLIK
Ministerium für Verkehrswesen
DER MINISTER

BERLIN W 8, DEN
Voßstraße 33

An den
Vorsteher des Bahnhofes
Falkensee

An den
verantwortlichen Fahrdienstleiter
im Dienst

Befehl

Ich befehle, dass am 13. 8. 61 ab 1.00 Uhr die Abfertigung jeglicher S-Bahnzüge nach Westberlin einzustellen ist.
Ab 1.30 Uhr dürfen keine S-Bahnzüge aus Richtung Spandau West angenommen werden. Der Fernverkehr von und nach Westberlin über Falkensee ist wie bisher fahrplanmässig durchzuführen und unterliegt keiner Einschränkung. Alle Anordnungen der übergeordneten Dispatcherleitungen des Amtes und der Reichsbahndirektion bzw. der S-Bahnleitung, die diesem Befehl widersprechen, sind ungültig und dürfen von Ihnen nicht befolgt werden.

Dieser Befehl gilt bis zu seiner schriftlichen Aufhebung. Erst nach diesem Zeitpunkt gelten die Weisungen Ihrer vorgesetzten Dienststellen (Dispatcherleitung, Zugleitung, Amt, S-Bahnleitung und Reichsbahndirektion) wieder in vollem Umfang.

DEUTSCHE DEMOKRATISCHE REPUBLIK
Ministerium für Verkehrswesen

Ehemalige S-Bahn-Strecke Spandau–Falkensee, 1969:
Das Gleis nach Albrechtshof am Finkenkruger Weg. Foto: W. Gesche

Harry Deterling: Protokoll einer Flucht mit Lok und Wagen

Aus: Bernd Kuhlmann, Züge durch Mauer und Stacheldraht. Verlag GVE, Berlin 1998

„In Albrechtshof sah ich eine gute Gelegenheit, mit einem Zug nach West-Berlin zu flüchten, weil das ... Kreuzungsgleis keinerlei Flankenschutz hatte, also das Durchfahren nicht vorzeitig an einem Prellbock enden würde ... Doch wie sah es hinter dem Albrechtshofer Ausfahrsignal in Richtung West-Berlin aus? Die Grenze war vor dem Finkenkruger Weg (km 16,39), rund 800 Meter von Albrechtshof entfernt. Diesen Bahnübergang wie auch die beiden folgenden ... sicherten (bei) vorgemeldeten Zugfahrt(en) die Schrankenposten. Sollte ich hier die Flucht wagen, mußte ... auf alle Fälle mit Notsignal gewarnt werden ...

Ferner kalkulierte ich einen sehr langen Bremsweg ein, denn die ... Notbremsen mußten wirkungslos gemacht werden ... Dazu mußte ich während einer längeren Fahrt mit dem Reglerventil auf der Lokomotive ... den Druck in der Hauptluftleitung ... stetig bis auf Null ... regulieren. Das erforderte viel Fingerspitzengefühl, um ein ungewolltes Bremsen zu verhindern ... (Ich) rechnete ... mit einem rund 2500 Meter langen Bremsweg ... Ich mußte auch den Fahrplan kennen, denn (es) durfte kein Zug entgegenkommen ... Ein aus Richtung Hamburg nachfolgender Interzonenzug, der während unseres Wendehalts in Albrechtshof die Strecke passiert, wäre die günstigste Kulisse: Während wir ... über die Grenze fahren, würden die Grenzposten denken, es sei der folgende Interzonenzug und deshalb nicht schießen ... Ab 10. Dezember 1961, (sollten) die Hamburger Interzonenzüge statt über Albrechtshof ... über Griebnitzsee verkehren ... Nun überstürzten sich die Ereignisse ... In meiner Heimatdienststelle ging ich zum Parteisekretär und meldete mich freiwillig zu einer Sonderschicht, deren Verdienst ich dem Nationalen Aufbauwerk spenden würde ... Am Sonntag, den 3. Dezember 1961, teilte man mir mit, daß ich schon in zwei Tagen im Spätdienst den abendlichen Personenzug nach Albrechtshof zu fahren habe.

Jetzt waren nicht nur Verwandte und Bekannte zu informieren, sondern für die Reise ohne Rückkehr mußten die notwendigen Sachen gepackt werden ... Für die Fahrt war noch der ... Heizer ‚auszubooten'. Als wir am Dienstagabend, den 5. Dezember 1961, unseren Dienst antraten, schickte ich deshalb den vorgesehenen Heizer wieder nach Hause. Dafür nahm Hartmut Lichy seinen Platz ein. In Oranienburg stieg meine Familie in unseren Zug ein. Pünktlich rollten wir um 19.33 Uhr aus dem Bahnhof. Unterwegs auf den Bahnsteigen entdeckten wir die anderen in den Plan Eingeweihten, mit denen wir uns bei Einfahrt stumm verständigten. In Birkenwerder fehlte ein Ehepaar. Beide entstiegen in Falkensee ihrem Auto, mit dem sie unseren Zug verfolgt hatten, (den sie in letzter Minute erreichten). Nach diesem letzten Halt im Osten befanden sich – wie ich später erfuhr – insgesamt 32 Personen im Zug, von denen 25 in die bevorstehende Flucht eingeweiht waren, unter ihnen auch meine Frau und meine vier Kinder ... Nun lagen die letzten drei Kilometer Fahrt vor uns. Ich beschleunigte ... auf etwa 60 km/h, weil wir in Albrechtshof ... mit nur 40 km/h einfahren sollten. Diese Geschwindigkeit behielt ich ... auch für die Ausfahrt bei, um nicht im Abzweig der Weiche zu entgleisen. Zu unserer ... Sicherheit kletterten wir ... in den Kohlentender – wir mußten mit Beschuß rechnen ... Doch es fiel kein Schuß ...

Mit der Zusatzbremse der Lokomotive versuchte ich jetzt, den Zug zum Halten zu bringen, dabei unentwegt mit der Dampfpfeife Notsignal gebend, ... bis unsere Fuhre etwa 1400 Meter hinter der Grenze ... zum stehen kam. Das war kurz nach 20.45 Uhr.

Glücklich, aber mit noch schlotternden Knien, stiegen wir von der Maschine. Schon kamen uns freudestrahlend unsere Angehörigen entgegen, wir umarmten uns, drückten uns die Hände. Ein unwissender Volkspolizist schaute aus dem Fenster eines Wagens ... Die Flüchtlinge belehrten ihn, daß wir in West-Berlin waren ... Er lief ebenso wie weitere fünf Fahrgäste und der Zugführer nach dem Osten zurück ..."

4. Ausbau der S-Bahn im Osten

Aus dem Nachlaß des späteren Vizepräsidenten der Reichsbahndirektion Berlin, Dr. Günter Götz

Der Originaltext wird in seiner Abfolge weitgehend unverändert wiedergegeben, die Gliederung ist kaum geändert. Um die Verständlichkeit zu verbessern, wurden geringfügige Änderungen und Ergänzungen vorgenommen, die auf Änderungs- und Randvermerken im maschine-geschriebenen Manuskript des Autors beruhen. Wahrscheinlich handelt es sich bei den nachstehenden Ausführungen um ein Manuskript vom Frühjahr 1962.

4.1 Verkehrsprobleme im östlichen S-Bahn-Netz

„Der Beschluß des Ministerrates der Deutschen Demokratischen Republik vom 12.8.1961 zur Sicherung der Staatsgrenze Berlin brachte im Bereich der Berliner S-Bahn eine völlig neue Verkehrssituation mit sich. Die bis dahin durch die Westsektoren von Groß-Berlin verlaufenden Durchmesserlinien von Potsdam, Falkensee, Oranienburg, Velten und Bernau nach Königs Wusterhausen, Erkner, Strausberg, Teltow und Mahlow sowie der Berliner Ring mußten entsprechend des Verlaufs des antifaschistischen Schutzwalles neu geregelt werden. Daraus ergab sich weiter, daß beim Bahnhof Berlin-Friedrichstraße als Grenzbahnhof zwischen dem Westsektor und der Hauptstadt der DDR völlig neue Betriebsverhältnisse wirksam werden mußten.

Die Verkehrssituation nach dem 13.8.1961 wurde weiter dadurch charakterisiert, daß Halbmesserlinien entstanden und auf den neuen Endbahnhöfen – vornehmlich in den Westsektoren Berlins, wie Sonnenallee, Lichtenrade, Lichterfelde Süd usw. – Züge beginnen und enden mußten, ohne daß im Augenblick bauliche Anlagen für derartige betriebliche Handlungen zur Verfügung standen.

Das war in gewissem Maße auch in der Hauptstadt der DDR der Fall. Ich erinnere in diesem Zusammenhang an die Notwendigkeit des Kehrens von S-Bahnzügen auf den Bahnhöfen Pankow und Schönhauser Allee sowie Alexanderplatz und die betrieblich sehr schwierige Frage der endenden Züge beim Bahnhof Berlin-Friedrichstraße.

Unter der Überschrift „Grünes Licht" berichtete die Ost-Berliner Presse über den Umbau des Schnellverkehrs-Netzes.

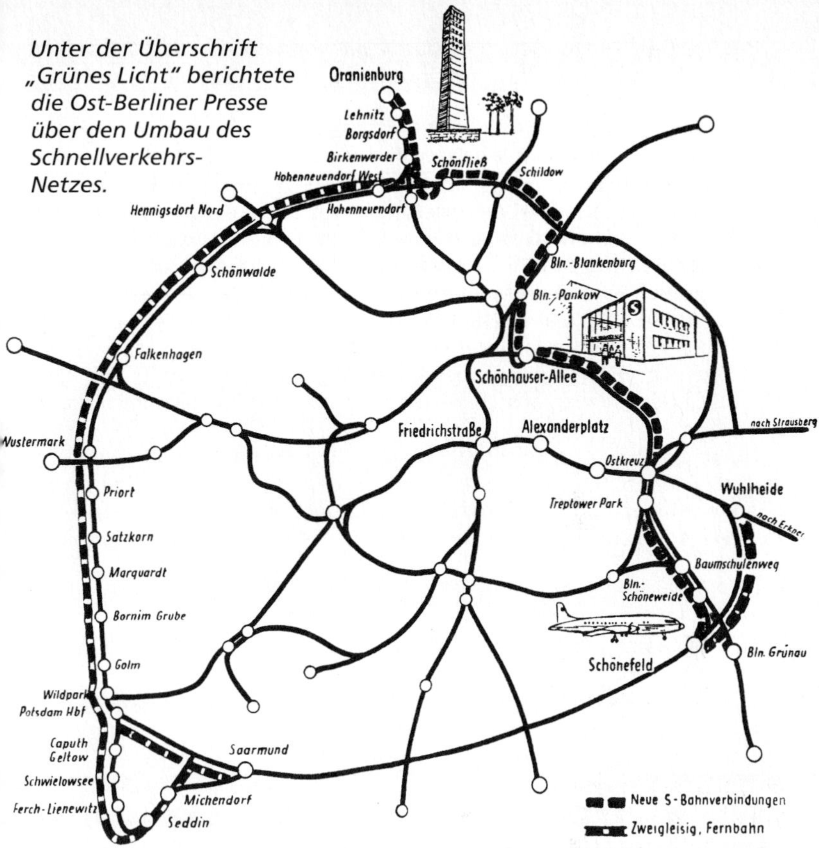

Zeichnung aus: Berliner Zeitung, 19. 8. 1961

Erläuterungen zu Fachbegriffen und Abkürzungen im Text von Dr. Günter Götz:

Deutsche Lufthansa	DDR-Fluggesellschaft, in den 70er Jahren in Interflug umbenannt
FS-Verkehr	Fern-S-Bahn-Verkehr; Verkehrsplanungen aus den 30er Jahren, die zu DDR-Zeiten neu aufgegriffen wurden. Gemeint sind S-Bahn-Züge, die nicht auf allen Stationen halten.
KWA/KWO/TRO	VEB Kabelwerk Adlershof, VEB Kabelwerk Oberspree, VEB Transformatoren- und Röntgenwerk Oberschöneweide; Großbetriebe im Berliner Südosten mit großer Belegschaft
Passimeter	Fahrkartenhäuschen, in Bahnhofs-Zugängen aufgestellt. Die Neuerung bestand 1961 darin, daß der Verkauf und das Entwerten (Lochen) von Fahrkarten nicht mehr getrennt, sondern durch ein und denselben Mitarbeiter vorgenommen wurden.
„Sputnik"-Verkehr	Züge, die auf dem Berliner Außenring (BAR) West-Berlin umkreisten, ähnlich wie der erste künstliche Satellit „Sputnik" die Erde, den die Sowjetunion 1957 in die Erdumlaufbahn gebracht hatte.

Die großen Leistungen, die durch die Bauarbeiter der Deutschen Reichsbahn zur baulichen Fertigstellung dieser Vorhaben geleistet wurden, wurden in besonderem Maße ergänzt durch die Betriebseisenbahner im Bereich der Berliner S-Bahn bei der Aufstellung und Durchführung des neuen S-Bahn-Fahrplanes und der Einführung neuer Betriebsverhältnisse.

Hinzu kam, daß diese Veränderungen im Streckennetz der Berliner S-Bahn neue Verkehrsströme hervorbrachten, die insbesondere durch die Neugestaltung des Berufsschnellverkehrs aus den nördlichen, westlichen und südlichen Randgebieten zur Hauptstadt der DDR entstanden. Die Bürger, die bis zum 12. 8. 1961 gänzlich oder teilweise die S-Bahn durch die Westsektoren Berlins benutzten, konnten jetzt, so wie das bei einem großen Teil von bewußten Werktätigen bereits vor dem 12. 8. 1961 der Fall war, ausschließlich die Züge des Berufsschnellverkehrs benutzen.

Durch die Deutsche Reichsbahn wurden bereits am 13. 8. 1961 umfangreiche Maßnahmen eingeleitet, um den Berufsverkehr aus den nördlichen, westlichen und südlichen Randgebieten Berlins entsprechend den neuen Erfordernissen durchzuführen. In diesem Zusammenhang spielte der zu diesem Zeitraum bereits teilweise vollendete Ausbau des Bahnhofs Potsdam Hauptbahnhof [heute Pirschheide] und die Verbindung Potsdam Hauptbahnhof–Werder eine unmittelbare Rolle.

Der Berufsschnellverkehr wurde so organisiert, daß die aus Oranienburg und Falkensee über den nördlichen Außenring und von Potsdam, Teltow und Wünsdorf über den südlichen Außenring verkehrenden

Zuggruppe 2, nach dem 13. August im Bahnhof Ostkreuz:
Diese Züge von Bernau fuhren nicht mehr durch den Nord-Süd-Tunnel, sondern über den Ostring. Foto: Deutsche Reichsbahn

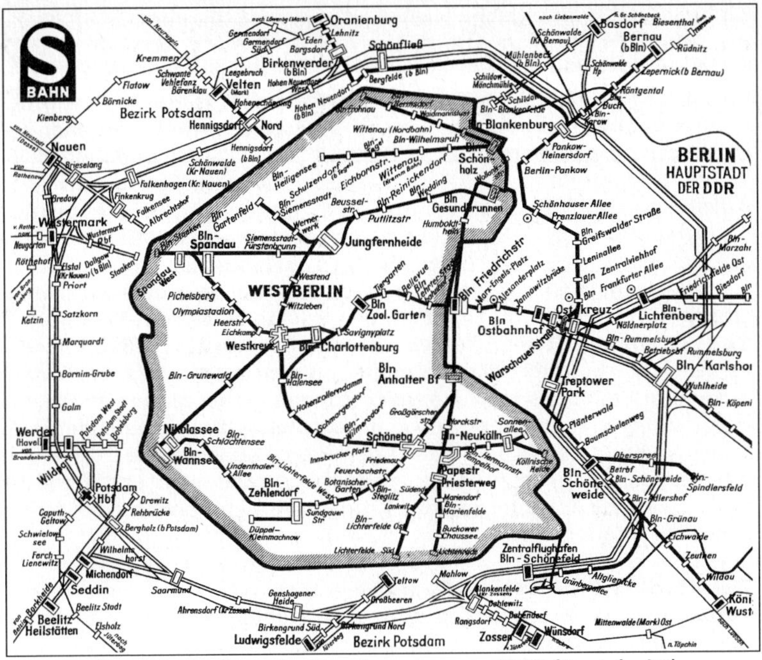

Das geteilte S-Bahn-Netz im Streckenplan von 1966 (Ausschnitt).

Schnellverkehrszüge zu den Bahnhöfen Ostbahnhof und Lichtenberg gefahren wurden. Aus dem Raum Oranienburg verkehrten die Hauptberufszüge des Schnellverkehrs über die S-Bahngleise bis zum Bahnhof Greifswalder Straße, um den Verkehr aus diesem Bereich bereits in Blankenburg, Pankow, Schönhauser Allee und auf den anderen Bahnhöfen des Ringes in das Zielgebiet bringen zu können.

Jedoch war die große Anzahl der jetzt gefahrenen Züge des Berufsschnellverkehrs sowohl beim Bahnhof Berlin-Lichtenberg als auch beim Bahnhof Berlin Ostbahnhof nicht in vollem Maße betrieblich einwandfrei. Umfangreiche betriebliche Schwierigkeiten waren die Folge. Deshalb entschloß man sich, die Züge des Berufsschnellverkehrs aus den südlichen und westlichen Randgebieten zum Bahnhof Berlin-Schöneweide und lediglich die Züge aus den nördlichen Randgebieten und aus dem Raum Falkensee nach Lichtenberg bzw. Ostbahnhof zu fahren. Aber auch beim Bahnhof Berlin-Schöneweide ergaben sich Schwierigkeiten. Deshalb wurde angeordnet, die Züge des Berufsschnellverkehrs aus den südlichen und westlichen Randgebieten überwiegend zu dem zunächst provisorisch errichteten Schnellverkehrsbahnhof Berlin-Karlshorst zu fahren, um eine gleichmäßige Belastung aller Berliner Fernbahnhöfe und eine Verteilung der Verkehrsströme auf die S-Bahn-Strecken Königs Wusterhausen–Berlin und Erkner–Berlin zu erreichen.

Es ist verständlich daß eine solche Konzeption bei der Durchführung des Berufsschnellverkehrs im Raum von Groß-Berlin volkswirtschaftliche Kosten verursachte, die in keinem Verhältnis zu den an sich schon niedrigen Fahrpreisen im Berufsverkehr standen. Diese Regelung des Berufsschnellverkehrs konnte deshalb lediglich einen vorübergehenden Charakter tragen. Bereits am 13.8.1961 begannen Überlegungen, in welchem Maße durch den Ausbau zusätzlicher Strecken und die Elektrifizierung von Streckenabschnitten eine Ausdehnung des elektrischen S-Bahnnetzes möglich ist, um die aufgetretenen neuen Verkehrsströme auf elektrischen S-Bahnstrecken abfangen zu können.

Berücksichtigt wurde weiter die Tatsache, daß auf den Streckenabschnitten Oranienburg–Hohen Neuendorf und Velten–Hennigsdorf, die ... von ihren Stammstrecken abgeschnitten waren, S-Bahn-Pendelverkehre durchgeführt werden mußten, deren verkehrliche Ergebnisse in keinem Verhältnis zum Aufwand standen. Nicht zuletzt mußte der mit einem großen materiellen und finanziellen Aufwand durchgeführte Schienenersatzverkehr in die richtigen Proportionen gebracht werden. All diese Gründe waren dafür maßgebend, daß eine umfangreiche Konzeption zur Erweiterung der Bahnanlagen im Bereich der Berliner S-Bahn erarbeitet wurde ..."

Der nördliche Berliner Außenring

„Der Berufsverkehr aus den nördlichen Randgebieten, insbesondere aus dem Raum Oranienburg–Birkenwerder, mußte über den nördlichen Außenring in die S-Bahn-Strecke Bernau–Pankow geführt werden, um von dort einen unmittelbaren Anschluß ins Stadtzentrum zu erhalten. Dabei mußte berücksichtigt werden, daß der nördliche Außenring bereits stark mit Zügen des Dampfverkehrs belastet war und jedes zusätzliche Fahren von elektrischen S-Bahnzügen betriebliche Schwierigkeiten hervorrufen würde. Deshalb durfte lediglich eine minimale Inanspruchnahme von Dampfstrecken durch den S-Bahnbetrieb erfolgen. Der Berufsverkehr aus dem Raum Falkensee und Hennigsdorf mußte auf die Möglichkeit des Umsteigens zur S-Bahn auf dem nördlichen Außenring in Schönfließ orientiert werden, um zu erreichen, daß auf dem Streckenabschnitt Schönfließ–Nördlicher Außenring–Blankenburg die Hauptlast des Verkehrs aus dem nördlichen und nordwestlichen Randgebieten durch die S-Bahn getragen wurde."

Die Verbindung Bernau–Ringbahn

„Durch diese Konzeption mußte eine stärkere ... Belastung des Streckenabschnitts Bernau–Ring und hier insbesondere der Kurve Pankow–Schönhauser Allee entstehen. Diese Kurve hatte nach den Maßnahmen des 13.8.1961 insofern eine erhöhte Bedeutung erhalten, als über sie der gesamte S-Bahnverkehr aus den nördlichen Randgebieten Berlins, also Bernau und Oranienburg, sowie der gesamte Verkehr aus dem Raum Blankenburg/Pankow zum Ring und damit auch zur Stadtbahn laufen würde. Daran konnte im Prinzip auch die neue Funktion des Bahnhofs Schönhauser Allee als Umsteigebahnhof zur U-Bahn nichts ändern.

Zuggruppe K wie Konrad nach Oranienburg:
Diese Züge fuhren schon ab Herbst 1961 über den Außenring.
Foto: Deutsche Reichsbahn, Archiv S-Bahn-Museum

Ich bitte Sie, sich zu erinnern, daß der Streckenabschnitt Pankow–Schönhauser Allee vor dem 13.8.1961 durch die S-Bahn im Abstand von 40 Minuten im Gemeinschaftsbetrieb mit dem Dampfverkehr befahren wurde und damals seine Bedeutung im wesentlichen für den Personenkreis hatte, der auf Grund seiner politischen Einstellung die Fahrt durch den Westsektor mied.

Die Konzeption für diesen Streckenabschnitt sah eine Trennung des Dampfverkehrs vom S-Bahnverkehr durch den Neubau einer zweigleisigen S-Bahnstrecke von Schönhauser Allee nach Pankow vor."

Der südliche Berliner Außenring

„Im südöstlichen Gebiet von Groß-Berlin waren ebenfalls Veränderungen im Verkehrsgefüge eingetreten. Die Neuordnung des Berufsschnellverkehrs aus Potsdam, Teltow und Wünsdorf zur Hauptstadt der DDR über den südlichen Außenring nach den Bahnhöfen Schöneweide und Karlshorst brachte mit sich, daß eine große Anzahl von Werktätigen bei ihren Fahrten in die Bereiche Eichwalde, Zeuthen, Wildau und Königs Wusterhausen umfangreiche Umfahrten vornehmen mußten. Dazu kam, daß der Berufsschnellverkehr den bereits stark belasteten Streckenabschnitt Schönefeld–Eichgestell–Karlshorst weiter belastete.

Deshalb sah die Konzeption vor, daß durch Ausbau des Bahnhofs Schönefeld und Bau der S-Bahnverbindung zunächst von Schönefeld nach Adlershof die Werktätigen bereits in Schönefeld auf die S-Bahn übergehen können. Das erforderte den Bau eines besonderen S-Bahnsteigs im Bahnhof Berlin-Schönefeld, der bereits seine endgültige Lage im Hinblick auf den Ausbau des Bahnhofs Berlin-Schönefeld im Zusammenhang mit dem Projekt Flughafenbau der Deutschen Lufthansa haben sollte. Ich möchte erwähnen, daß der Bau der S-Bahnstrecke nach Berlin-Schönefeld bereits im Perspektivplan der Berliner S-Bahn im Zusammenhang mit dem Bauvorhaben Zentralflughafen Berlin-Schönefeld enthalten war."

Der Bahnhof Alexanderplatz

„Ich erwähnte bereits, daß der Bahnhof Alexanderplatz nach der Neuregelung der Verkehrsverhältnisse in der Hauptstadt der DDR eine besondere Bedeutung für den S-Bahnbetrieb und für den Berufsschnellverkehr erhielt. Die Neuorientierung des Verkehrs auf den Raum Alexanderplatz als das verkehrliche Zentrum der Hauptstadt der DDR verlangte eine maximale Zugfolge bei der S-Bahn bis zum Bahnhof Alexanderplatz. Dieser Bahnhof war vor dem 13.8.1961 ausschließlich für den Durchgangsverkehr vorgesehen und besaß nur für betriebliche Sonderfälle eine sogenannte Notkehre.

Nach dem 13.8.1961 wurde es jedoch notwendig, S-Bahnzüge auf dem Bahnhof Alexanderplatz zu kehren, um die Fahrgäste hauptsächlich im Berufsverkehr möglichst weit in das Stadtzentrum zu bringen.

Die Lage des Bahnhofs Alexanderplatz ausschließlich auf gemauerten Wölbbögen setzte allen Erweiterungsplänen von vornherein bestimmte Grenzen. Deshalb sah die Konzeption vor, beim Bahnhof Alexanderplatz solche Veränderungen der Gleisanlagen zu schaffen, die nicht nur das Beginnen und Enden von elektrischen S-Bahnzügen zulassen, sondern auch die Durchführung des Berufsschnellverkehrs und später des FS-Verkehrs [Fern-S-Bahn-Verkehrs] bis zum Bahnhof Alexanderplatz ermöglichen mußten.

Diese Veränderungen der Gleisanlagen waren jedoch nur eine Seite des Bauvorhabens Bahnhof Alexanderplatz. Andererseits mußte der Bahnhof entsprechend seiner Lage im Stadtzentrum und entsprechend den Beschlüssen der Regierung der DDR und des Magistrats von Groß-Berlin zum Aufbau des Stadtzentrums der Hauptstadt der DDR ein repräsentatives Aussehen erhalten.

Deshalb wurde ein umfangreiches Projekt zur Modernisierung der Bahnhofshalle und zum Ausbau und Umbau der Bahnhofsanlagen, wie des Empfangsgebäudes, der Abfertigungsanlagen, der Verkehrsstellen im Bahnhofsgebäude, der Einrichtungen des Reisebüros, der Lufthansa usw., ausgearbeitet. Die Realisierung dieser umfangreichen Konzeption zur Veränderung des Bahnanlagen im Bereich der Berliner S-Bahn wurde am 14.8.1961 begonnen. Damit schuf die Deutsche Reichsbahn die Voraussetzungen dafür, daß die Werktätigen entsprechend der neuen Verkehrsverhältnisse nach Berlin befördert wurden ..."

Außenring-S-Bahn zwischen Bergfelde und Hohen Neuendorf.
Foto: Deutsche Reichsbahn, Archiv Berliner S-Bahn-Museum

4.2 Die Streckenausbauten

Oranienburg – Pankow

„Zum Anschluß der elektrischen S-Bahnstrecke Oranienburg–Hohen Neuendorf an die Strecke Bernau–Berlin war der Ausbau mehrerer Abschnitte erforderlich.

Auf dem Streckenabschnitt Oranienburg–Hohen Neuendorf mußten auf der Gemeinschaftsstrecke Borgsdorf–Birkenwerder die Bahnhofsanlagen verändert werden, damit der Dampfverkehr auf der Magistrale Rostock–Berlin und der S-Bahnverkehr mit einer Zugfolge von 20 Minuten in Einklang gebracht werden konnten. Dazu waren umfangreiche Veränderungen des Nordkopfes und des Südkopfes des Bahnhofs Birkenwerder erforderlich. Hierbei wurden insbesondere die neuen Streckenabschnitte berücksichtigt, auf die im Anschluß hieran eingegangen werden soll. Von Hohen Neuendorf nach Bergfelde wurde eine neue zweigleisige S-Bahnstrecke durch den Hohen Neuendorfer Forst gebaut. Im Streckenabschnitt Bergfelde–Blankenburg wurde die vorhandene zweigleisige Strecke des nördlichen Berliner Außenringes elektrifiziert. Der Streckenabschnitt Blankenburg–Pankow wurde zweigleisig ausgebaut, um den aus dem Raum Oranienburg kommenden verstärkten Zugverkehr betrieblich einwandfrei durchführen zu können.

Die neue S-Bahnstrecke verläuft unmittelbar hinter Hohen Neuendorf in einer Linkskurve durch den Hohen Neuendorfer Forst und erreicht in Höhe der Abzweigstelle Bergfelde den nördlichen Berliner Außenring.

Im ersten Bauabschnitt wurde die elektrische S-Bahnstrecke hier in den Außenring eingeführt. Im zweiten Bauabschnitt wurde die zweigleisige elektrische S-Bahnstrecke über den Bahnhof Bergfelde, der im verkehrlichen Zentrum der räumlich ausgedehnten Gemeinde Bergfelde liegt, bis zum Bahnhof Schönfließ geführt und erst hinter diesem Bahnhof in den Berliner Außenring eingeführt. Das S-Bahngleis Schönfließ–Hohen Neuendorf wird zwischen den Bahnhöfen Schönfließ und Bergfelde über den Berliner Außenring überworfen und dort als besonderer Bahnkörper auf der Südseite des Berliner Außenringes weitergeführt. Damit wird der Gemeinschaftsbetrieb zwischen S-Bahn und Fernbahn auf dem Berliner Außenring so kurz wie irgend möglich gehalten. Beim Bahnhof Schönfließ stehen für den S-Bahnverkehr zwei Außenbahnsteige zur Verfügung.

Auf der Außenringstrecke Schönfließ–Abzweig Karow West wurden zur Erhöhung der Durchlaßfähigkeit des jetzt im Gemeinschaftsbetrieb befahrenen Streckenabschnitts neben der bereits jetzt vorhandenen Blockstelle Arkenberge die Blockstellen Lindenhof und Mühlenbecker Chaussee eingerichtet und damit die Strecke geviertelt. Hinter der Abzweigstelle Karow West verläuft die S-Bahnstrecke in einer eingleisigen Verbindungskurve bis zum Bahnhof Blankenburg. Es wurde bereits dargelegt, daß ein Bauabschnitt dieses Vorhabens der zweigleisige Ausbau der S-Bahnstrecke Blankenburg–Pankow war. Im Zuge dieses Ausbaus wurde der Haltepunkt Pankow-Heinersdorf zur Blockstelle ausgebaut, um auch hier eine größere Durchlaßfähigkeit zu erreichen.

Die durchgeführten Bauarbeiten waren insbesondere im Raum Hohen Neuendorf–Bergfelde sehr umfangreich. Neben dem Bau der zweigleisigen S-Bahnverbindung Hohen Neuendorf–Bergfelde–Schönfließ wurde hier eine eingleisige Verbindung für den Fernverkehr von Birkenwerder nach Schönfließ errichtet, die bei der Abzweigstelle Bergfelde in den BAR [Berliner Außenring] einmündet, sowie eine eingleisige Verbindung aus Richtung Hennigsdorf vom Außenring zum Bahnhof Birkenwerder. Durch diese beiden Verbindungsstrecken wird die bisher eingleisige Verbindungskurve Berliner Außenring–Birkenwerder vom Gegenverkehr und die bisher eingleisige Verbindungskurve Birkenwerder–Hohen Neuendorf West ebenfalls vom Gegenverkehr entlastet. Beide Verbindungskurven tragen wesentlich zur Verbesserung der Betriebsverhältnisse in diesem Bereich bei.

Zur Überwerfung des S-Bahngleises Blankenburg–Oranienburg zwischen den Bahnhöfen Schönfließ und Bergfelde wurde ein umfangreiches Brückenbauwerk errichtet. Unter Berücksichtigung des kurzen Bahnhofsabstands von Schönfließ bis Bergfelde (0,9 Kilometer) mußten sowohl bei der Auffahrt auf dieses Brückenbauwerk als auch bei der Abfahrt zum Bahnhof Bergfelde maximale Steigungs- und Neigungsverhältnisse wirksam werden …

Die Stromversorgung für diesen Streckenabschnitt wird durch ein fahrbares Unterwerk durchgeführt, das zur Zeit am Kreuzungsbauwerk der Strecken Basdorf–Wilhelmsruh/Berliner Außenring aufgestellt ist. Für dieses fahrbare Unterwerk wurde ein besonderes Gleis errichtet, um

Bahnhof Oranienburg, 19. November 1961:
Eröffnungszug für die Strecke Oranienburg–Warschauer Straße.
Foto: Archiv D. Riediger

die vorhandenen Betriebsgleise zu entlasten. Ein stationäres Unterwerk wird z. Z. fertiggestellt und übernimmt dann die Stromversorgung für den gesamten Abschnitt.

Der Bahnsteig des Bahnhofs Bergfelde wurde aus Betonfertigteilen errichtet. Der Zugang zum Bahnsteig erfolgt über eine Fußgängerbrükke und eine breite Treppe bis zum Bahnsteig. Beim Bahnhof Bergfelde wurde für die Abfertigung der Reisenden das Passimetersystem angewandt, wobei erstmalig im Bereich der Berliner S-Bahn ein kombiniertes Abfertigungsgebäude errichtet wurde. In diesem Abfertigungsgebäude ist hinter dem Fahrkartenschalter ein 50 m² großer Warteraum vorhanden. Die architektonische Gestaltung dieses Gebäudes paßte sich gut in die vorhandene Landschaft ein.

Für die Durchführung dieser Bauarbeiten waren umfangreiche betriebliche Maßnahmen, u. a. 15 Fahrplananordnungen mit 12 Betriebs- und Bauanweisungen notwendig, wobei zeitweise Omnibuspendelverkehr bzw. S-Bahn-Pendelverkehr durchgeführt werden mußte.

Die Baumaßnahmen erforderten den vollkommenen Neubau der Stellwerke beim Bahnhof Schönfließ. Hier wurden ebenfalls Fertigbetonteile verwendet. Beginnend beim Bahnhof Bergfelde sind bis einschließlich Schönhauser Allee Hauptlichtsignale mit den Signalbegriffen Hl 100 bis 102, also eine Wegesignalisation, vorhanden. Es ist vorgesehen, noch in diesem Jahr diese Signalbegriffe auf die Signalbegriffe Hl 1 bis 13 umzustellen und dann von der Wegesignalisation zu einer Geschwindigkeitssignalisation überzugehen. In diesem Zusammenhang ist interessant, daß im Bereich der Berliner S-Bahn erstmalig diese Signalbegriffe verwendet werden und uns in die Lage versetzen, Erfahrungen in der Anwendung dieser Signalisation zu sammeln.

Nach der Aufnahme des S-Bahn-Zugbetriebes wird der Streckenabschnitt Oranienburg–Hohen Neuendorf mit einer Zugfolge von 20 Minuten, der Streckenabschnitt Hohen Neuendorf–Berlin mit einer Zugfolge von 60 Minuten befahren. Im Berufsverkehr wird der S-Bahnzugverkehr zwischen Oranienburg und Berlin und umgekehrt für den Zeitraum von jeweils zwei Stunden mit einer Zugfolge von 20 Minuten durchgeführt.

Zur Zeit verkehren zwischen Oranienburg und Hohen Neuendorf pro Tag 130 Züge, zwischen Hohen Neuendorf und Pankow 45 Züge pro Tag. Unter Berücksichtigung eines Platzangebotes von 1200 Plätzen pro Zug kann eine stündliche Verkehrsmenge von 7200 Personen, die tägliche Verkehrsmenge von 54000 Personen befördert werden.

Bereits die Inbetriebnahme des Streckenabschnittes von Oranienburg nach Berlin-Pankow brachte wesentliche Verkehrsverbesserungen für die Bewohner der nördlichen Randgebiete: unter Berücksichtigung der Zugfolge im Berufsschnellverkehr von maximal 120 Minuten gegenüber einer Zugfolge von 60 Minuten im S-Bahnverkehr. Aber auch hinsichtlich der Reisezeit traten wesentliche Zeiteinsparungen ein. Reisende, die von Oranienburg nach Greifswalder Straße bzw. Schönhauser Allee fahren, benötigen gegenüber der Fahrt mit dem Berufsschnellverkehr nach Lichtenberg bzw. Ostbahnhof 12 Minuten weniger Reisezeit.

Von Pankow aus hatten diese Reisenden bereits zum Zeitpunkt der Inbetriebnahme des Bauabschnittes die Möglichkeit, entweder mit den aus Bernau kommenden Zügen zum Stadtzentrum weiterzufahren bzw. die Straßenbahn oder ab Vinetastraße die U-Bahn nach Alexanderplatz zu benutzen. Damit war eine unmittelbare Verbindung mit dem Stadtzentrum vorhanden. In Berlin-Pankow wurden zu diesem Zeitpunkt die S-Bahnzüge über eine Notkehre südlich des Bahnhofs umgesetzt und zur Rückfahrt nach Oranienburg bereitgestellt. Die Inanspruchnahme dieser S-Bahnverbindung unmittelbar nach Inbetriebnahme bewies die Richtigkeit dieser Maßnahmen.

Es muß gesagt werden, daß der stündliche Zugverkehr zwischen Oranienburg und Pankow zum derzeitigen Zeitpunkt nicht restlos den verkehrlichen Erfordernissen entspricht. Die genannten Belastungszahlen werden Ihnen jedoch gezeigt haben, daß erst weitere Baumaßnahmen zur vollkommenen oder weitergehenden Trennung des Gemeinschaftsbetriebes zwischen dem S-Bahn- und dem Dampfbetrieb auf dem nördlichen Außenring eine Erleichterung in dieser Hinsicht bringen können. Vorrangig muß auf dem nördlichen Außenring der Dampfverkehr, z.B. auf der Magistrale Rostock–Berlin und im internationalen Verkehr Küste–Berlin usw., durchgeführt werden. Die S-Bahn mit ihrem rhythmischen Fahrplan hat sich diesen verkehrlichen und betrieblichen Notwendigkeiten angepaßt. Daraus entspringt, daß wir z.Z. noch nicht in der Lage sind, alle verkehrlichen Bedürfnisse der Bevölkerung dieser Verkehrsgebiete restlos zu befriedigen."

Die neue S-Bahn-Verbindung Schönhauser Allee–Pankow im Bereich der Sektorengrenze nördlich S-Bahnhof Bornholmer Straße. Foto (1961): Deutsche Reichsbahn, Archiv S-Bahn-Museum

Pankow–Schönhauser Allee

„Die ... Darlegungen haben ... gezeigt, daß der Bau der S-Bahnstrecke bis Berlin-Blankenburg und die Aufnahme des elektrischen Zugbetriebes Oranienburg–Pankow zwar eine wesentliche Verbesserung für die Bewohner der nördlichen Randgebiete, jedoch keine endgültige Lösung ihrer Verkehrsprobleme brachten. Nach wie vor bestand der betriebliche Engpaß zwischen Pankow und Schönhauser Allee durch die Benutzung dieses Streckenabschnittes im Gemeinschaftsbetrieb von S-Bahn und Dampfverkehr. Wenn auch durch Umleitungen und sonstige betriebliche Maßnahmen zahlreiche Fahrplantrassen des Dampfverkehrs für den S-Bahnverkehr freigemacht wurden, so daß eine Durchführung des S-Bahnzugbetriebes mit einer Zugfolge von 20 Minuten möglich war, so wurden die vorhandenen betrieblichen Schwierigkeiten jedoch nicht restlos beseitigt. Erst die Fertigstellung des Bauvorhabens „Zweigleisiger Ausbau der S-Bahnstrecke Schönhauser Allee–Pankow" und die damit zusammenhängende Trennung des S-Bahn- und Dampfverkehrs brachten eine vollkommene Lösung dieses Problems.

Diese neue S-Bahnstrecke zweigt unmittelbar südlich des Bahnhofs Berlin-Pankow in eine Linkskurve ab, unterfährt in einem noch zu behandelnden Kreuzungsbauwerk in Höhe der Dolomitenstraße die zweigleisige Fernstrecke Pankow–Greifswalder Straße und erreicht in einer weiten Linkskurve den Bahnhof Schönhauser Allee. Dabei wird auf einer Strecke von ungefähr 200 Metern die vorhandene Trasse der bisherigen S-Bahnstrecke Schönhauser Allee–Gesundbrunnen benutzt.

Im Bereich des Stellwerks Vpr westlich des Bahnsteiges Schönhauser Allee ist eine Weichenverbindung vorhanden, die ein Umsetzen der in Schönhauser Allee endenden Züge sowie Falschfahrten sowohl auf dem Gleis Schönhauser Allee–Pankow als auch Pankow–Schönhauser Allee und ein Überfahren zum richtigen Gleis beim Bahnhof Schönhauser Allee ermöglicht. Inzwischen wurde eine Weichenverbindung in Betrieb genommen, die signalmäßige Ausfahrten aus dem Bahnhofsgleis 1 des Bahnhofs Schönhauser Allee (Richtungsgleis nach Pankow) in Richtung Prenzlauer Allee zuläßt. Damit entfällt in Schönhauser Allee das Kehren der dort endenden Züge über die westliche Kehre.

Im Hinblick auf die neue Bedeutung, die der Bahnhof Schönhauser Allee in dieser Verkehrsrelation erhalten hat, erfolgte der Neubau des gesamten Bahnhofsgebäudes. Dadurch wurde das direkte Umsteigen beim Bahnhof Schönhauser Allee zwischen S-Bahn und U-Bahn ermöglicht. Von diesem Empfangsgebäude wurde ein neuer Zugang zum S-Bahnsteig geschaffen. Dazu waren umfangreiche Stahlbaumaßnahmen erforderlich. Zusätzlich erfolgte der Bau von zwei neuen Treppen auf dem Bahnsteig Schönhauser Allee. Einem weitverbreiteten Wunsch der Bevölkerung Rechnung tragend, wurde eine Fußgängerverbindung zwischen dem Ausgang Greifenhagener Straße und der Schönhauser Allee in die Baumaßnahmen mit einbezogen.

Der bisherige Zugang vom alten Bahnhofsgebäude Schönhauser Allee zum S-Bahnsteig wurde für die Durchführung des Umsteigeverkehrs S-Bahn/BVG benutzt. Dazu wurde ein Straßentunnel unter der Schönhauser Allee zum Bahnsteig Schönhauser Allee der U-Bahn gebaut, die in diesem Bereich als Hochbahn ausgebildet ist. Unter Berücksichtigung der vorhandenen Grundmauern und der Einbeziehung dieses Tunnels in die vorhandenen Bauwerke wurde eine maximale Verkehrsbreite von drei Metern möglich. Unter dem sogenannten Magistratsschirm wurden sowohl feste Treppen als auch Fahrtreppen zum U-Bahnsteig eingerichtet. Beide Fahrtreppen sind je nach der Lastrichtung umschaltbar und bringen damit wesentliche Verbesserungen des Verkehrsablaufs in diesem Bereich.

Nach der Fertigstellung dieses Bauvorhabens wird der gesamte Umsteigetrakt durch Glaswände abgeschlossen sein und sich damit gut in das architektonische Gesamtgefüge einpassen.

Das Empfangsgebäude Schönhauser Allee wurde nach modernsten Gesichtspunkten errichtet und erhielt als Schmuckelemente eine Verkleidung der Fassaden mit Keramikplatten, Schaukästen, Telefonzellen u.ä. Einrichtungen. Heute kann man feststellen, daß dieses Bauwerk wirkungsvoll den Charakter der Schönhauser Allee als wichtiges Verkehrs- und Einkaufszentrum der Hauptstadt der DDR unterstreicht. Zur Zeit benutzen den Umsteigeverkehr S-Bahn/BVG beim Bahnhof Schönhauser Allee täglich ca. 30000 Personen. Die Abfertigung im Umsteigeverkehr erfolgt sowohl bei der S-Bahn als auch bei der BVG durch Passimeter.

Das neue Empfangsgebäude des S-Bahnhofs Schönhauser Allee, 1962. Postkartenansicht, Archiv Berliner S-Bahn-Museum

Es wurde bereits erwähnt, daß die S-Bahn in einem Kreuzungsbauwerk die Ferngleise Pankow–Greifswalder Straße südlich des S-Bahnhofes Pankow unterfährt. Der sehr kleine Kreuzungswinkel erforderte die Projektierung eines tunnelartigen Bauwerkes.

Im Hinblick auf die für den Bau zur Verfügung stehende kurze Zeit und auf Grund der Arbeitskräftelage wurde beschlossen, dieses Bauwerk in Fertigteilbauweise auszuführen. Die Fertigteile für die Fundamente, Widerlager und Flügelmauern wurden aus unbewehrtem Beton B 160 in Klötzen mit Abmessungen von 1,20x0,60x0,50 Metern hergestellt; die Masse eines solchen Klotzes betrug 750 Kilogramm. Nach dem Verlegen der Steine durch einen Eisenbahndrehkran wurden die Stoßfugen mit flüssigem Zement vergossen. Die Fahrbahnplatte wurde in ein Meter breite Streifen aufgeteilt und mit einem 40-Megapond-Drehkran [40 Tonnen Tragkraft] der Deutschen Reichsbahn montiert. Die Masse einer solchen Fahrbahnplatte betrug 35 Tonnen.

Unter Berücksichtigung einer weitgehenden Mechanisierung aller Arbeiten dauerte die Bauzeit vom Zeitpunkt der ersten Verlegearbeiten bis zur Betriebsaufnahme nur 50 Tage. Man muß in diesem Zusammenhang sagen, daß die Deutsche Reichsbahn beim Bau dieses wirkungsvollen Brückenbauwerks Dolomitenstraße Erfahrungen in der Anwendung der Fertigteilbauweise sammeln wollte, die für andere Objekte angewandt werden sollen. Zur Zeit wird eine Auswertung der Ergebnisse und Erfahrungen vorgenommen, um diese Bauweise mit volkswirtschaftlichem Nutzen ausweiten zu können.

Alles in allem kann man hinsichtlich des Bauwerks Dolomitenstraße sagen, daß die Anwendung neuartiger Baumethoden die Einhaltung des kurzen Bautermins sicherstellte und die Voraussetzung schuf, daß der S-Bahnverkehr auf dieser Verbindung termingemäß aufgenommen werden konnte. Auch auf dieser Strecke sind Hl-Signale mit den Signalbegriffen Hl 100 bis 102 vorhanden, die Umstellung der Signalbegriffe auf die Signalbegriffe Hl 1 bis 13 ist vorgesehen.

Die Durchführung des S-Bahnzugbetriebes, insbesondere während der Anschwenkung der neuerbauten S-Bahngleise, war sowohl in Schönhauser Allee als auch in Pankow sehr kompliziert. 17 Fahrplananordnungen mit 15 Betriebsanweisungen waren notwendig, um diese Arbeiten durchzuführen. Dabei mußte zeitweise eine vollkommene Sperrung der Strecke vorgenommen werden, wobei der Verkehr mit Omnibussen zwischen den Bahnhöfen Schönhauser Allee und Pankow erfolgte.

In diesem Zusammenhang ist erwähnenswert, daß sämtliche Betriebs- und Bauanweisungen entsprechend der zeitlichen Planung beendet und damit das gesamte Bauvorhaben mit größter Planmäßigkeit durchgeführt wurde. Im Berufsverkehr beträgt die Zugfolge auf diesem Streckenabschnitt 6 Minuten."

Adlershof – Flughafen Berlin-Schönefeld

„Ich habe bereits dargelegt, daß der Bau dieser S-Bahnstrecke im Perspektivplan der Verwaltung der S-Bahn vorgesehen war. Deshalb soll auch die Vielzahl von Gründen für den Bau dieser S-Bahnstrecke erwähnt werden. Bisher wurde dieses Gebiet verkehrlich benachteiligt. Schönefeld war lediglich durch eine Omnibusverbindung mit Berlin-Grünau verbunden. Von Altglienicke sprach man von dem „Verlorenen Dorf". Die Straßenbahnlinie 84 allein war nicht in der Lage, die Verkehrsbedürfnisse der Bevölkerung optimal zu erfüllen. Dazu kamen die Forderungen der Deutschen Lufthansa in Zusammenhang mit dem Ausbau von Berlin-Schönefeld. Die Fluggäste mußen vom Zentrum der Hauptstadt der DDR zum Flughafen im südöstlichen Randgebiet der Stadt befördert werden. Der Zeitgewinn, der vornehmlich im Inlands-Flugverkehr durch die Benutzung von Flugzeugen entstand, ging durch die zeitaufwendige Beförderung vom Stadtzentrum zum Zentralflughafen wieder verloren. Ein weiterer wichtiger Faktor war für dieses Bauvorhaben maßgebend: Solche Volkseigenen Betriebe, wie TRO, KWO, KWA zum Beispiel, die in Schöneweide bzw. Adlershof konzentriert sind, und die Chemischen Betriebe in Adlershof und Grünau beschäftigen genau wie der VEB Schwermaschinenbau Heinrich Rau in Wildau eine große Anzahl von Arbeitskräften aus den südlichen Berliner Randgebieten, die nach dem 13.8.1961 mit den „Sputniks", den Zügen des Berufsschnellverkehrs, nach Berlin fuhren. Der starke Berufsverkehr belastete die an sich bereits ausgelasteten Züge der S-Bahnstrecke Treptow–Schöneweide, so daß Entlastungsmaßnahmen notwendig wurden.

Diese Faktoren führten letztlich zum Bau der S-Bahnstrecke nach Schönefeld. Zwischen dem S-Bahnhaltepunkt Adlershof und dem S-Bahnhof

Grünau (im Bereich des Verkehrszentrums Grünauer Kreuz) verläßt die neue S-Bahnstrecke das S-Bahnstreckengleis Ostkreuz–Königs Wusterhausen und unterfährt dieses Gleis sowie die Ferngleise Cottbus–Berlin, Berlin–Cottbus und die Verbindungskurven Grünau–Berliner Außenring, Berliner Außenring–Grünau–Schönefeld. Vorbei am S-Bahnunterwerk Grünauer Kreuz verläuft die S-Bahnstrecke über die Straße am Falkenberg bis zum S-Bahnhof Altglienicke. Dieser Bahnhof liegt am Rande des Ortsteils Altglienicke im Zuge der Germanenstraße und ist Ausgangspunkt einer günstigen Omnibusverbindung A23 der BVG. Aber auch für die Bewohner von Berlin-Bohnsdorf ist dieser Bahnhof von Bedeutung. Nach einem Fußweg von ca. 5 bis 8 Minuten wird er erreicht und liegt damit für einen großen Teil der Bewohner dieses Ortsteils günstiger als der fast ausschließlich mit dem Omnibus zu erreichende S-Bahnhof Berlin-Grünau. Nach einem weiten Bogen in südwestlicher Richtung erschließt der S-Bahnhaltepunkt Grünbergallee sowohl das Siedlungsgebiet an der Grünbergallee als auch den östlichen Teil des Ortsteils Schönefeld Siedlung.

Mit der Benennung dieses Haltepunktes wurde der unermüdliche Kampf des Antifaschisten Alfred Grünberg geehrt, der in der Zeit des Faschismus sein Leben für die Sache der Arbeiterklasse und des werktätigen Volkes ließ.

Nach der Unterfahrung der Fernverkehrsstraße 179, unmittelbar vor dem S-Bahnhof Zentralflughafen Berlin-Schönefeld, führt die S-Bahntrasse auf die südliche Seite des Bahnhofs und endet vorerst in einem

Die erste „Flughafen-S-Bahn" Deutschlands:
Der Eröffnungszug Adlershof–Schönefeld am 26. Februar 1962
Foto: Deutsche Reichsbahn, Archiv S-Bahn-Museum

zweiseitigen Bahnsteig. Dem Bahnsteig angeschlossen ist eine Kehranlage zum Abstellen von S-Bahnzügen. Der S-Bahnsteig ist über eine 3,50 Meter breite und 130 Meter lange Fußgängerbrücke sowohl mit den Fernbahnsteigen als auch mit dem Bahnhofsvorplatz verbunden.

Umfangreiche Baumaßnahmen waren notwendig, um diese Strecke zu bauen. Die Bauzeit betrug 150 Tage. 200000 m³ Bodenmassen mußten bewegt werden, um die Trasse für die S-Bahnverbindung Adlershof–Schönefeld fertigzustellen. 10 Kilometer S-Bahngleis wurden verlegt. 20000 Tonnen Schotter waren dazu notwendig.

Zur Einführung der S-Bahnstrecke in die bestehenden Verkehrsanlagen mußten sechs äußerst komplizierte Brückenbauwerke errichtet werden. In Altglienicke und Schönefeld wurden Fußgängerbrücken zur Erreichung der S-Bahnsteige notwendig. 40000 m³ Beton und Stahlbeton sowie 1300 Tonnen Stahlkonstruktion allein für die Überbauten waren für diese Brückenbauwerke notwendig. Dabei wurden Überbauten mit einer Länge von 16 bis 152 Metern und einer Masse bis zu 86 Tonnen verwendet. Diese Brückenkonstruktionen wurden unter ungünstigsten Witterungsbedingungen mit 50-Megapond-Eisenbahndrehkranen [mit jeweils 50 Tonnen Tragkraft] eingeschwenkt.

Die Trassenführung bedingte zum Teil schiefwinklige Überbauten. Die Einbringung erfolgte mit selbstkonstruierten Hilfsvorrichtungen, sogenannten Schnabelkonstruktionen.

Über den Bereich des Grünauer Kreuzes führt die wichtige S-Bahnverbindung Königs Wusterhausen–Berlin, die durch die Bauarbeiten nicht unterbrochen oder wesentlich eingeschränkt werden konnte. Elf Betriebs- und Bauanweisungen und neun den Betrieb wesentlich beeinflussende Fahrplananordnungen waren notwendig, um diese Forderung zu erfüllen. Dazu kam die Einrichtung von vorübergehenden Langsamfahrstellen, zum Teil mit Geschwindigkeiten von 10 km/h.

Die Abfertigung der Fahrgäste erfolgt sowohl auf den S-Bahnhöfen Zentralflughafen Berlin-Schönefeld und Altglienicke als auch auf dem S-Bahnhaltepunkt Grünbergallee im Passimeterverkehr. Die Passimeter wurden in Abfertigungstrakten aufgestellt, die gleichzeitig zum kurzzeitigen Aufenthalt der Fahrgäste dienen können. Damit wurde diese neue Abfertigungsmethode erstmalig komplex im Bereich der Berliner S-Bahn angewandt.

Aber auch die neue Technik kam auf dieser Strecke nicht zu kurz. Zur Abfertigung der S-Bahnzüge auf dem S-Bahnhaltepunkt Grünbergallee wird eine Fernbeobachtungsanlage Fba 2 des VEB „Werk für Fernmeldewesen" Berlin eingesetzt. Durch sie wird die Abfertigung der S-Bahnzüge vom S-Bahnhof Altglienicke aus vorgenommen. Der Einsatz dieser Fernsehanlage macht die Aufsicht auf dem S-Bahnhof Grünbergallee entbehrlich.

Die S-Bahnstellwerke Grünauer Kreuz und Schönefeld wurden mit den modernsten technischen Anlagen ausgestattet und erhielten Gleisbildstellwerke der Bauart WSSB Form II. Bemerkenswert ist bei dieser Bauform der automatische Weichenumlauf. Bei der Bedienung der jeweiligen Fahrstraßentaste laufen alle in der Fahrstraße liegenden

Weichen automatisch um, wenn ihre Lage nicht der gewünschten Fahrstraße entspricht. Die Weichen und Signale beim S-Bahnhof Altglienicke werden vom S-Bahnstellwerk Grünauer Kreuz, die beim S-Bahnhaltepunkt Grünbergallee vorgesehenen Signale vom S-Bahnstellwerk Schönefeld bedient.

Diese S-Bahnstrecke wurde gleichfalls mit Lichthauptsignalen ausgerüstet, die zur Zeit noch die Signalbegriffe Hl 100 bis 102 zeigen.

Die verkehrliche Aufgabe der S-Bahnstrecke zum Zentralflughafen Berlin-Schönefeld besteht darin, die Verbindung zwischen dem Stadtzentrum Berlin mit seinem Fernverkehrsbahnhof Berlin-Ostbahnhof zum Zentralflughafen Berlin-Schönefeld zu schaffen, sowie eine durchgehende Nord-Süd-Verbindung zwischen den Nordbezirken und Berlin-Schönefeld herzustellen.

Unter diesen Gesichtspunkten wurde der Fahrplan nach Schönefeld aufgestellt. Mit der Aufnahme des S-Bahnzugbetriebes auf dieser Strekke am 26. 2. 1962 verkehrt die Zuggruppe C von Berlin-Ostbahnhof nach Berlin-Schönefeld in der Zeit von 6.00 bis 21.00 Uhr im Abstand von 20 Minuten und schafft damit eine unmittelbare Verbindung zwischen diesem Zentrum des Fernreiseverkehrs und dem Zentralflughafen der Deutschen Lufthansa Berlin-Schönefeld. Die Zuggruppe 2 verkehrt im Abstand von 20 Minuten ganztägig von Bernau nach Berlin-Schönefeld und stellt somit die unmittelbare Verbindung der nördlichen Bezirke mit den südöstlichen und dem Zentralflughafen Berlin-Schönefeld dar.

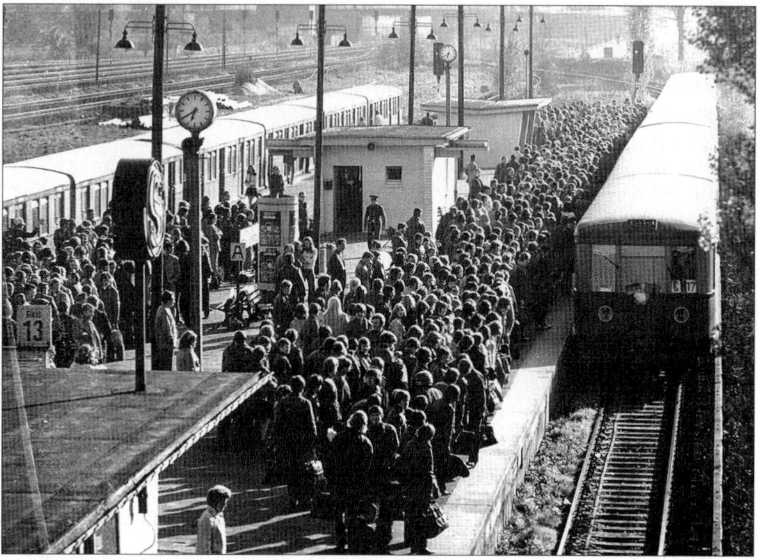

S-Bahnhof Zentralflughafen Berlin-Schönefeld:
Oft mit vielen Umsteigern vom „Sputnik"-Verkehr auf dem Außenring.
Foto (1973): Deutsche Reichsbahn, Archiv S-Bahn-Museum

Über diese neue S-Bahnstrecke verkehren im Zeitraum von 24 Stunden 218 Züge. In der Zeit von 6.00 bis 21.00 Uhr besteht vom S-Bahnhof Berlin-Schönefeld aus ein 10-Minuten-S-Bahn-Verkehr. Unter Zugrundelegung eines Platzangebotes pro Zug von 1200 Fahrgästen besteht die Möglichkeit, stündlich 7200 Fahrgäste mit der S-Bahn in Richtung Stadtzentrum und in die Nordbezirke zu befördern. Diese Leistungen können nach dem endgültigen Ausbau dieser S-Bahnstrecke verdoppelt werden. Das ist selbst bei stärksten verkehrlichen Belastungen des Bahnhofs Zentralflughafen Berlin-Schönefeld unter den gegenwärtigen Bedingungen und in der Perspektive ausreichend.

Entsprechend der Aufgabenstellung wurde diese neue S-Bahnstrecke unmittelbar in das System des Berliner Berufsverkehrs einbezogen. Die mit den Zügen des Berufsschnellverkehrs und den mittleren Reisezügen auf dem Bahnhof Berlin-Schönefeld ankommenden Fahrgäste können die S-Bahn in Richtung Stadtzentrum und nach den Nordstrecken benutzen und so unmittelbar die Industriegebiete in Schöneweide, Grünau und Wildau, Königs Wusterhausen unter erheblicher Zeiteinsparung erreichen. Für eine Fahrt von Berlin-Ostbahnhof zum Zentralflughafen Berlin-Schönefeld wird nach dem Fahrplan 1962/63 eine Fahrzeit von 35 Minuten nötig.

Es soll hier noch einmal erwähnt werden, daß der Bau dieser S-Bahnstrecke in der Endkonzeption im Hinblick auf das gemeinsame Projekt Lufthansa/Deutsche Reichsbahn in Berlin-Schönefeld gesehen werden muß."

Grünauer Kreuz–Wuhlheide

„Die derzeitige eingleisige Verbindungskurve von Adlershof nach Altglienicke ist jedoch nur ein Teil des Vorhabens Elektrifizierung nach Berlin-Schönefeld. In der Perspektive wird diese S-Bahnstrecke zweigleisig von Berlin-Schönefeld über Altglienicke nach Wuhlheide weitergeführt. Damit wird eine Verbindung mit der Stadtbahn auch über den als Fernbahnhof Bedeutung erlangenden Bahnhof Karlshorst erreicht. Vom S-Bahnhof Altglienicke aus wird dann diese S-Bahnstrecke über die S-Bahnhaltepunkte Köllnische Vorstadt und Pionierpark bis zum S-Bahnhof Wuhlheide gebaut. Hier erfolgt die Einbindung in die S-Bahnstrecke Erkner–Berlin. Der geplante S-Bahnhaltepunkt Köllnische Vorstadt erschließt die Wohngebiete Köllnische Vorstadt und Wendenheide sowie die Umgebung des Glienicker Weges, während für den Pionierpark „Ernst Thälmann" durch den S-Bahnhaltepunkt Pionierpark bessere Verkehrsbedingungen geschaffen werden. In der weiteren Perspektive ist die Weiterführung dieser S-Bahnstrecke in Richtung Blankenburg vorgesehen.

Die Einbindung in Wuhlheide erfolgt im ersten Bauabschnitt gleiskreuzungsfrei in die vorhandenen Anlagen des S-Bahnhofs Wuhlheide. Im zweiten Bauabschnitt ist der Neubau des S-Bahnhofs Wuhlheide mit Richtungsbetrieb vorgesehen, der die Weiterführung dieser S-Bahnstrecke in Richtung Blankenburg bereits berücksichtigt. Im Zusammen-

Das Grünauer Kreuz

Der Verlauf der neuen und der geplanten Eisenbahnstrecken zwischen Adlershof und Grünau sowie zwischen Schönefeld und dem geplanten S-Bahn-Haltepunkt Köllnische Vorstadt.

Zeichnung: Archiv S-Bahn-Museum

hang mit diesem Streckenneubau sind eine Reihe von Veränderungen sowohl im Bereich des Grünauer Kreuzes als auch im Bereich des Bahnhofs Wuhlheide vorgesehen.

Im Bereich des Grünauer Kreuzes werden dann neben den durchgehenden S-Bahnstrecken Grünau–Adlershof und Schönefeld–Wuhlheide die S-Bahnkurven Adlershof–Altglienicke und Grünau–Köllnische Vorstadt–Wuhlheide vorhanden sein. Damit wird das Grünauer Kreuz eine ähnliche Bedeutung für den S-Bahnverkehr erlangen, wie das zur Zeit für den Fernverkehr bereits der Fall ist.

Infolge der Einbindung der S-Bahntrasse mit ihren Verbindungskurven in die bestehenden Verkehrsanlagen im Bereich des Grünauer

Kreuzes wurde und wird noch eine große Anzahl von Brückenbauten erforderlich. So sind im Bereich des Grünauer S-Bahnkreuzes im Umkreis von 500 Metern bereits jetzt sechs Eisenbahnbrücken mit insgesamt 18 Überbauten und Einzellängen von 16 bis 152 Metern errichtet worden. Insgesamt gehören zu diesem Bauvorhaben 33 Eisenbahnbrücken. Darin sind solche Bauwerke wie die Spreebrücke in Spindlersfeld oder die Überbrückung des Teltowkanals enthalten."

Ausbau des Bahnhofs Karlshorst

„Zur Aufnahme des verstärkten Berufsschnellverkehrs ab 13.8.1961 wurde ein provisorischer Ausbau des Bahnhofs Karlshorst vorgenommen. Zunächst wurde je ein Außenbahnsteig sowohl am Gleis Erkner–Berlin als auch am Gleis Berlin–Erkner versetzt errichtet. Der Bahnsteig am Gleis Erkner–Berlin wurde über eine Fußgängerbrücke über die S-Bahn-Kehranlage des Bahnhofs Karlshorst mit dem vorhandenen S-Bahnsteig verbunden, während das Erreichen des Bahnsteiges am Gleis Berlin–Erkner durch einen Tunnel und unmittelbar von der Treskowallee aus möglich ist. Im Zuge der endgültigen Planung für den Bahnhof Karlshorst ist die Verlängerung des S-Bahnsteiges in Richtung Berlin sowie die Anlage eines überlangen Fernbahnsteiges vorgesehen. Beide Bahnsteige werden durch Treppen- und Tunnelanlagen verbunden sein.

Die Bahnsteige wurden hinsichtlich der Länge sehr groß dimensioniert, um jeweils zwei Züge an jeder Bahnsteigkante betrieblich und verkehrlich behandeln zu können, wobei die Aus- und Einfahrten durch Weichenverbindungen in der Mitte des Bahnsteiges möglich sind. Im Hinblick auf den starken Sonderverkehr zur Rennbahn Karlshorst zum Beispiel wird auch der derzeitige S-Bahnsteig beibehalten, jedoch lediglich bei solchen Sonderverkehren benutzt. Dazu kommt die Errichtung eines repräsentativen Empfangsgebäudes auf dem Gelände des derzeitigen Kohlebahnhofs.

Beim Bahnhof Karlshorst enden neben den Zügen des Berufsschnellverkehrs mittlere Reisezüge und schaffen damit eine wirkungsvolle Entlastung des Ostbahnhofs. Unter Berücksichtigung der Gesamtkonzeption einschließlich der Weiterführung der S-Bahnstrecke von Zentralflughafen Berlin-Schönefeld über Wuhlheide in diese Strecke ist dann eine Verbindung sowohl in Richtung Stadt und in Richtung Erkner als auch über Köllnische Vorstadt nach Grünau, Schöneweide und Zentralflughafen Berlin-Schönefeld vorgesehen, ohne Umwegfahrten über den Bahnhof Ostkreuz vornehmen zu müssen ..."

Umbau des Bahnhofs Alexanderplatz

„Im Zuge der Baumaßnahmen nach dem 13.8.1961 werden auch die Umbaumaßnahmen beim Bahnhof Alexanderplatz verstärkt fortgeführt. Ich erwähnte bereits, daß dieser Umbau in Zusammenhang mit dem geschlossenen Wiederaufbau des Stadtzentrums zu sehen ist. Nach dieser Verjüngungskur wird der Bahnhof Alexanderplatz ein vollkommen neues Aussehen haben. Auf diesem wichtigen Umsteigebahnhof zur U-Bahn und den anderen Verkehrsmitteln der BVG werden auf beiden Bahnsteigen Fahrtreppen und mehrere Lauftreppen einen flüssigen Zu- und Abgang gewährleisten. Das Empfangsgebäude wird ein vollkommen neues Gesicht erhalten.

Die Vermeidung überflüssiger Räumlichkeiten im Erdgeschoß wird den Eindruck räumlicher Großzügigkeit schaffen. Das Dach wird aus Aluminium hergestellt und konstruktiv so verändert, daß die jetzige Tonnenform verschwindet. Durch die Verglasung der Bahnhofshalle und entsprechende Schmuckverkleidungen wird dem Bahnhof ein dem repräsentativen Charakter des Stadtzentrums entsprechendes Aussehen verliehen.

Die Gleisanlagen werden durch den Einbau von Weichenverbindungen und von Signalanlagen für den Rangierbetrieb umgestaltet. Nach der Fertigstellung dieser Arbeiten wird es möglich sein, Züge des Berufsschnellverkehrs, des elektrischen S-Bahnverkehrs und in der Perspektive auch Züge des Fern-S-Bahn-Verkehrs beim Bahnhof Alexanderplatz enden und beginnen zu lassen. Diese neue Funktion des Bahnhofs Alexanderplatz entspricht den neuen Verkehrsverhältnissen in der Hauptstadt der DDR."

Schlußbemerkungen

„Diese Bauvorhaben brachten der Berliner S-Bahn eine Streckenerweiterung von 25,1 km. Zur Zeit verfügt die Berliner S-Bahn über ein Verkehrsnetz von 325,24 km Streckenlänge. Davon sind 217,78 km zweigleisig, 107,46 km eingleisig, 47,98 km werden im Gemeinschaftsbetrieb mit der Fernbahn befahren.

Unter Berücksichtigung der Gesamtfläche Groß-Berlins von 884 km² ergibt sich eine Netzdichte von 0,295 km pro km² bei der S-Bahn für Groß-Berlin. In diesem Verkehrsnetz liegen zur Zeit 152 Bahnhöfe. Beim Bahnhofsabstand ergibt sich durch die Elektrifizierung des nördlichen Außenringes ein extremer Wert von 12270 Metern zwischen den Bahnhöfen Blankenburg und Schönfließ. Ein derartig großer Bahnhofsabstand ist jedoch nicht typisch für die Berliner S-Bahn ...

Die besonderen Leistungen der Eisenbahner der Berliner S-Bahn kann man erst dann richtig einschätzen, wenn man sowohl die Sicherheit als auch die Pünktlichkeit im Bauzeitraum betrachtet. Im Jahre 1961 waren im Bereich der Berliner S-Bahn auf je 1 Million gefahrenen Personenkilometer 0,005 Unfälle zu verzeichnen. Im ersten Halbjahr 1962 fuhren 98,66 % aller Züge pünktlich; die Durchschnittsverspätung je gefahrenen Zug betrug 0,12 Minuten. Das ist unter Berücksichtigung der umfangreichen Baumaßnahmen ein beachtenswertes Ergebnis.

Die Deutsche Reichsbahn hat neben diesen Baumaßnahmen im Bereich der Berliner S-Bahn umfangreiche Erweiterungen der Streckenkapazitäten sowohl auf dem Berliner Ring als auch auf den südlichen, westlichen und nördlichen Zufahrtsstrecken vorgenommen, auf die in diesem Zusammenhang nicht eingegangen wurde."

5. Boykott der S-Bahn im Westen

Wer S-Bahn fährt, hilft Ulbricht

Mahnender Hinweis in der SPD-Zeitung „Berliner Stimme“ vom 26. 8. 1961

Im Sommer 1961 ahnten Politiker wie Bevölkerung in Ost und West, daß die DDR-Regierung bzw. die Sowjetunion etwas unternehmen mußten, um den Flüchtlingsstrom zu stoppen, wollten sie nicht den Zusammenbruch der DDR riskieren.

Nach Lage der Dinge mußte dies die Sperrung des letzten freien Zugangs in den Westen, der Sektorengrenzen in Berlin, bedeuten. Das eher zögerliche und unsichere Verhalten der westdeutschen Politiker und der drei Westalliierten in den Tagen nach dem Mauerbau spricht allerdings dafür, daß sie Genaueres nicht wußten.

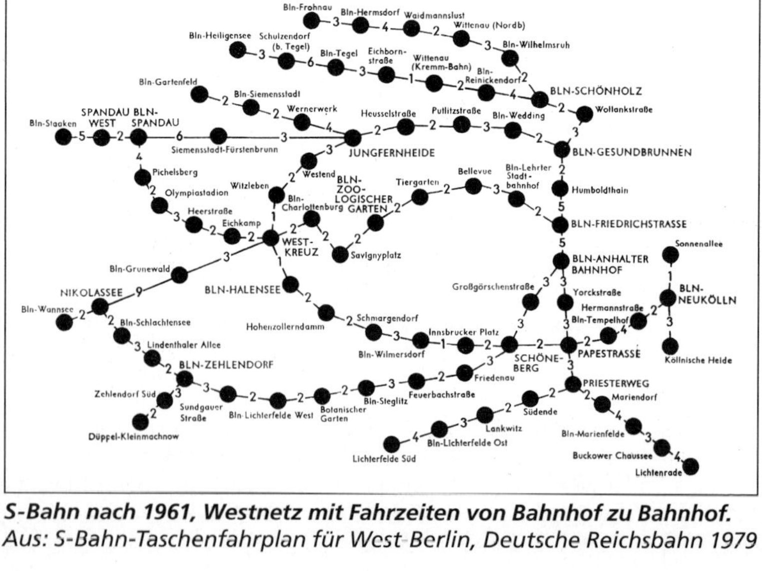

S-Bahn nach 1961, Westnetz mit Fahrzeiten von Bahnhof zu Bahnhof.
Aus: S-Bahn-Taschenfahrplan für West-Berlin, Deutsche Reichsbahn 1979

Die blanke Aggression, die der Mauerbau dann als Angriff auf Selbstbestimmung und Freizügigkeit darstellte, richtete sich aber faktisch weniger gegen den Westen (gegen die West-Berliner und die drei Westmächte) als gegen die Bürger der DDR selbst. Dies machte angemessene Reaktionen so schwierig, zumal die West-Berliner Polizei die Mauer schützen mußte – gegen protestierende West-Berliner.

Der S-Bahn-Boykott war unter diesem Aspekt ein Ventil, durch das sich der Zorn der West-Berliner entladen konnte, ohne daß es zu unmittelbaren Auseinandersetzungen mit der DDR bzw. der Sowjetunion kommen konnte oder daß vitale Interessen West-Berlins berührt wurden. Dies bestätigte in einer Diskussionsveranstaltung des Berliner S-Bahn-Museums im Spätsommer 2001 Walter Sickert. Er war in den Jahren nach dem Mauerbau lange Zeit der Berliner Vorsitzende des Deutschen Gewerkschaftsbunds (DGB) und später Präsident des Abgeordnetenhauses von Berlin (West).

Unabhängig davon war der wenige Tage nach dem Mauerbau u.a. vom Regierenden Bürgermeister Willy Brandt auf der großen Kundgebung vor dem Rathaus Schöneberg geforderte Boykott der S-Bahn zweischneidig: Zwar schädigte er die Deutsche Reichsbahn als Betreiberin der S-Bahn, indem er zu drastischen Einnahmeverlusten beim Fahrgeld führte. Zugleich aber lud er dem städtischen Verkehrsbetrieb BVG eine schwer zu bewältigende Bürde auf; Omnibusse aus Westdeutschland – als Zeichen der Solidarität – mußten aushelfen. Eine Entschädigung für die, die nun längere Fahrzeiten in Kauf nehmen mußten (und dafür wegen der höheren BVG-Tarife auch mehr zahlen mußten!) gab es nicht.

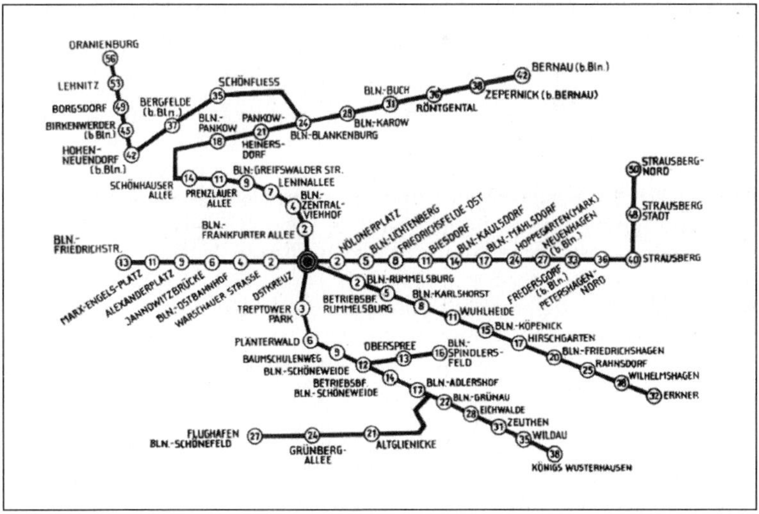

S-Bahn nach 1961, Ostnetz mit Fahrzeiten vom S-Bahnhof Ostkreuz.
Aus: S-Bahn-Taschenfahrplan für Ost-Berlin, Deutsche Reichsbahn 1976

5.1 Die S-Bahn als Vehikel der Politik

Eine zweifelhafte Passierscheinregelung

In den ersten Tagen nach dem 13. August 1961 durften West-Berliner die Grenze zu Ost-Berlin noch unter Vorlage ihres Personalausweises passieren. Zehn Tage später war dies nur noch mit besonderer Aufenthaltsgenehmigung möglich.

Die Reaktion der drei Westalliierten auf die DDR-Aktivitäten im sowjetischen Sektor der Viermächtestadt beschränkte sich auf Protestnoten und auf einige spektakuläre Einzelaktionen wie die legendäre Panzer-Drohgebärde am „Checkpoint Charlie". Der damalige US-Präsident, John F. Kennedy, hatte drei Wochen zuvor mit der Formulierung von drei Grundsätzen der Berlin-Politik der USA die westliche Position umrissen: alliierte Anwesenheit in West-Berlin, ungehinderter Zugang und Recht auf Selbstbestimmung der West-Berliner Bevölkerung.

Der relativ widerstandslose Ablauf der Grenzsperrungen hatte die DDR-Führung ermutigt, die verwandtschaftlichen Beziehungen der Menschen in der geteilten Stadt zum Gegenstand weiteren Politpokers zu machen. Die Anordnungen, daß Bundesbürger mit Wohnort Westdeutschland unter Vorlage ihrer Personalausweise die Übergangsstellen zum Ostteil der Stadt passieren durften, von West-Berlinern jedoch Passierscheine verlangt wurden, zielte auch darauf ab, West-Berliner zu veranlassen, einen Wohnsitz de jure im Bundesgebiet zu führen, um einen entsprechenden Paß zu erhalten. Außerdem beinhaltete die Forderung der DDR-Führung, in West-Berlin Passierschein-Ausgabestellen einzurichten, die Absicht, ein hoheitliches Standbein in den Sektoren der Westalliierten zu etablieren. Die kategorische Ablehnung dieses Ansinnens durch die westliche Seite führte zu einem zweijährigen Tauziehen um eine Besucherregelung – auf Kosten der betroffenen Menschen.

Der mit dem Passierscheinabkommen vom 17. Dezember 1963 letztendlich geschlossene Kompromiß bestand darin, daß die Ausgabe von Passierscheinen für „Besuche westberliner Bürger in der Hauptstadt der DDR" durch Ost-Berliner Bedienstete der politisch neutralen Institution Deutsche Post auf West-Berliner Gebiet vorgenommen werden sollte. Erstmals konnten West-Berliner zwischen dem 20. Dezember 1963 und dem 5. Januar 1964 wieder zu ihren Verwandten in Ost-Berlin – in diesem Zeitraum wurden rund 1,2 Millionen Besuche gezählt.

Parallel zu den Verhandlungen um eine Besucherregelung liefen die Arbeiten am weiteren Ausbau der Grenzsperren. Den ersten Stacheldrahtrollen folgte massiveres Material. Im innerstädtischen Bereich wurde aus Hohlblocksteinen und Typenblöcken, die eigentlich für den Wohnungsbau konzipiert waren, eine Mauer errichtet. In den ländlichen Bereichen und in Siedlungsgebieten begnügte man sich bei der ersten Ausbaustufe mit Metallzäunen unterschiedlichster Art und im Nahbereich von Straßen mit stählernen Fahrzeugsperren, mit „Igeln" und mit „Spanischen Reitern".

Der Boykott tat weh

18. August 1961: Aktivisten des DGB am Bahnhof Zoologischer Garten. Foto: Landesarchiv Berlin

Er führte nicht nur zu einem massiven Rückgang der Fahrgastzahlen. Eisenbahner wurden tätlich angegriffen, S-Bahn-Züge und Bahnhöfe zu Orten der Aggression, die sich an Bänken, Fenstern oder anderen Gegenständen ausließ. Natürlich war dies nicht überall in West-Berlin so. Aus der Erinnerung von Eisenbahnern waren es besonders die innerstädtischen Stationen und Strecken der Ring- und Stadtbahn, auf die sich die Boykotteure konzentrierten. Zerstörte S-Bahn-Wagen oder Störungen des Bahnverkehrs, etwa durch Hindernisse auf den Gleisen, wurden immer wieder beklagt und zum Teil demonstrativ ausgestellt. Was davon „normales" Rowdytum oder aber tatsächlich politisch motivierter Anschlag war, muß wohl offenbleiben. Im übrigen gab und gibt es für beides nicht die geringste Entschuldigung.

Die Auseinandersetzung um den besonderen Status der S-Bahn in West-Berlin war übrigens auch – wie viele Ereignisse und Dokumente zeigen – deutlich älter als die Mauer und Repertoire des Kalten Krieges. Erinnert sei hier an Flugblätter, die nach dem 17. Juni 1953 zum Boykott der S-Bahn aufriefen, oder an den Streit um das Hissen der seit 1959 mit Hammer, Zirkel und Ährenkranz versehenen DDR-Flagge auf West-Berliner Bahngelände. Dieser Streit führte zu teils komischen, teils brutalen Auseinandersetzungen, wenn die West-Berliner Polizei versuchte, die DDR-Fahne zu entfernen.

Lang anhaltende Folgen für West-Berlin

Der massiv gesteigerte U-Bahn-Bau in den westlichen Bezirken der Stadt als langfristige Antwort und das Ausklammern der S-Bahn aus der weiteren Stadtentwicklungsplanung für den Westteil Berlins waren die jahrzehntelang anhaltende Folge – mit all ihren milliardenschweren und verkehrspolitisch unsinnigen Folgen. Darüber hinaus ignorierte der Boykott, daß die S-Bahn mit ihren engen betrieblichen Verflechtungen auch ein Bindeglied zwischen Ost- und West-Berlin war. Mit ihren Versuchen, die S-Bahn als Vehikel zu nutzen, um Politik in West-Berlin zu machen und dort kontinuierlich einen Raum zu schaffen, in dem DDR-Recht gilt, trug die DDR allerdings nicht gerade dazu bei, dieses Bewußtsein zu schärfen.

Spätestens mit dem Beginn der Entspannungspolitik der sozialliberalen Koalition (SPD/FDP-Bundesregierung) ab 1969 wäre es dann Zeit gewesen, den Boykott zu beenden. Dazu kam es aber nicht. Vielleicht war es aber allen Beteiligen so recht, denn

- die DDR besaß mit der Deutschen Reichsbahn eine Präsenz im Westteil der Stadt, am Verkehr dort – der Kosten verursachte – war sie allerdings weniger interessiert;
- der Westen hatte disponible Flächen für den Ausbau der Stadtautobahn und eine gute Begründung für den weiteren Bau teurer U-Bahn-Strecken. Außerdem war der Boykott ein letztes Stück aufrechter Frontstadtgesinnung in der Zeit des Kalten Krieges.

War der S-Bahn-Boykott 1961 ein Mittel der Wut gegen den Mauerbau, so gehörte er später zum stillschweigenden Selbstbewußtsein bzw. zur Identität der West-Berliner, auch wenn er von der Zeit längst überholt und angesichts der anderenorts praktizierten „Zusammenarbeit mit dem Osten" längst widersinnig war.

Fast wäre der Boykott in den 70er Jahren erfolgreich gewesen, hätte nicht der Streik der West-Berliner Eisenbahner 1980 und das dadurch einsetzende Bürger-Engagement gegen dieses Relikt des Kalten Krieges eine Umkehr bewirkt. Was 1961 von den Politikern propagiert und von den Bürgern willig umgesetzt worden war, mußte dann ab 1980 – durch die Bürger propagiert – von den Politikern gelernt werden. So können sich die Zeiten ändern. Das aber ist eine andere Geschichte ...

S-Bahn-Viertelzüge, Stationierung in West-Berlin
Bestands-Rückgang 1964 bis 1984 Quelle: Eisenbahnkurier, Heft 3/1985

	1964	1966	1974	1979	1980	1982	1983	1984
S-Bw Wannsee								
Baureihe 275	59	59	60	60	58	79	74	114
Baureihe 276	37	38	41	21	18	4	–	–
S-Bw Nordbahnhof								
Baureihe 275	65	62	55	46	46	30	17	–
S-Bw Papestraße								
Baureihe 275	84	86	82	57	53	–	–	–
Summe Viertelzüge	**245**	**245**	**238**	**184**	**175**	**113**	**91**	**114**

Erläuterungen:
Viertelzüge: Zwei-Wagen-Züge, jeweils ein Triebwagen und ein Beiwagen;
S-Bw Wannsee, S-Bw Nordbahnhof und S-Bw Papestraße: S-Bahn-Betriebswerkstätten;
Baureihe 275: Bauart Stadtbahn; Baureihe 276: Bauarten „Olympia" und „Peenemünde".

5.2 Presseberichte: Zwei Wochen im August 1961

„U-Bahn-Verkehr reibungslos"

Der Tagesspiegel, Mittwoch, 16. August 1961

„Nach Mitteilung der BVG hat sich der Verkehr in West-Berlin gestern nahezu wieder normalisiert. Auch die U-Bahn verkehrte – trotz der Sperrmaßnahmen im Sowjetsektor – reibungslos. Wie es heißt, werden die alten Fahrpläne eingehalten. Da die Züge auf den U-Bahnlinien C, Tegel–Neukölln Grenzallee und Tempelhof, und D, Gesundbrunnen–Leinestraße ... ohne Halt in Ost-Berlin (mit Ausnahme der Strecke C auf Friedrichstraße) durchfahren, kommen sie auf der jeweils ersten westlichen Station zu früh an und müssen dort einige Minuten warten, bis die fahrplanmäßige Abfahrtzeit erreicht ist ..."

„Wie sieht es auf der S-Bahn aus?"

Der Tag, Freitag, 18. August 1961

„... Vor 16 größeren S-Bahnhöfen stehen Gewerkschaftler mit Plakaten ‚Keinen Pfennig mehr für Ulbricht', ‚Die S-Bahn unter Westkontrolle', ‚Jeder S-Bahn-Fahrer bezahlt den Stachldraht'. Der DGB will diese Aktion bis zum Ende der Woche fortsetzen. Innensenator Lipschitz hat für den Bedarfsfall Polizeischutz zugesagt.

Wie die sowjetzonale Nachrichten-Agentur adn berichtete, sollen Unbekannte gestern innerhalb von 90 Minuten sieben S-Bahnwagen mutwillig zerstört haben. ‚Offensichtlich unter dem Eindruck der Pogromhetze Brandts' hätten die Täter Fenster zerschlagen, Tischchen herausgerissen, Sitz- und Rückenpolster aufgeschlitzt und Aschenbecher abgerissen.

Die S-Bahn-Züge fahren, so wird festgestellt, kaum leerer als vor einer Woche durch Westberlin. Besonders auf den Umsteigebahnhöfen herrscht zur Verkehrshauptzeit das gleiche Gedränge wie vor der Abriegelung Ostberlins ..."

„Beratung mit Kommandanten über S-Bahn"

Der Tagesspiegel, Freitag, 18. August 1961

„Vertreter der drei westalliierten Stadtkommandanten und Verkehrsexperten der zuständigen Senatsverwaltung werden heute vormittag zu einer Besprechung über die angekündigte Neuregelung der Verhältnisse auf der S-Bahn in West-Berlin zusammenkommen. Wie gestern von einem Senatssprecher mitgeteilt wurde, ist die BVG absolut in der Lage, den gesamten Nahverkehr zu übernehmen und die bisherigen Fahrgäste der S-Bahn mitzubefördern.

Die BVG würde, wie weiterhin gesagt wurde, die Autobus-, Straßenbahn- und U-Bahn-Linien ggf. verstärken, um die zusätzlichen Fahrgäste ohne Schwierigkeiten zu befördern. Möglicherweise werde man vor allem neue Omnibuslinien parallel zu den S-Bahnstrecken einrichten ..."

„Die Westberliner meiden jetzt Ulbrichts S-Bahn"

Berliner Morgenpost, Sonnabend, 19. August 1961

„... Vor 20 Bahnhöfen demonstrierten während des Berufsverkehrs am Nachmittag DGB-Angehörige mit Transparenten und Plakaten, auf denen gefordert wird ‚Keinen Pfennig mehr für Ulbricht' und ‚S-Bahn unter Westkontrolle'. Schlagartig wirkte dieser Appell auf ‚S-Bahn-Kunden': Selbst zwischen 16 und 17 Uhr langweilten sich die Schalterbeamten auf vielen Bahnhöfen.

In den Schalterhallen, vor den Bahnhöfen und an den Eingängen sammelten sich immer wieder erregte Menschengruppen. ‚Niemand sollte mehr mit Ulbrichts Staatskarossen fahren', hörte man. ‚Mit jeder Fahrkarte finanzieren wir den Stacheldraht, den man quer durch unsere Stadt gezogen hat'. Hier und da hörte man aber auch Einwände. Sie kamen meist von älteren Menschen, von Menschen, denen man es anmerkte, daß sie mit jedem Pfennig rechnen müssen. ‚Warum gleicht die BVG ihre Fahrpreise jetzt nicht den S-Bahn-Tarifen an?'..."

Der Staatschef der DDR, Walter Ulbricht, wie er mit dem Fahrgeld der S-Bahn in West-Berlin Westgroschen einsammelt.

Die Karikatur im Spandauer Volksblatt vom 26. August 1961 ignorierte, daß Bahn und Bus ihre Kosten niemals allein durch Fahrgeld decken können.

„Omnibus-Linien längs der S-Bahn-Strecken"

Der Tagesspiegel, Sonntag, 20. August 1961

„Der Beschluß des Deutschen Gewerkschaftsbundes Berlin, die unter kommunistischer Verwaltung stehende S-Bahn in West-Berlin so lange zu boykottieren, bis die sowjetzonalen Machthaber die widerrechtliche Abriegelung des Sektors aufgehoben haben, ist von allen Gewerkschaften begrüßt worden. Beim DGB sind inzwischen so viele Freiwilligenmeldungen eingegangen, daß von Montag früh an vor insgesamt 46 S-Bahnhöfen Plakatträger stehen können; am Freitagabend geschah es vor 26 (West-Berlin hat rund 60 S-Bahnhöfe).

Eine DGB-Delegation hat gestern mit BVG-Direktor Schneider technische Einzelheiten der Aktion besprochen, damit die BVG längs der S-Bahnstrecken zusätzlich Omnisbusse einsetzt.

Die Gewerkschaft ÖTV Berlin will ihrem Vorsitzenden Kummernuß, der am Dienstag und Mittwoch in Berlin sein wird, vorschlagen, daß der Hauptvorstand schnellstens bei sämtlichen öffentlichen Verkehrsbetrieben im Bundesgebiet anregt, je Stadt einen Omnibus für Berlin zur Verfügung zu stellen ... Die Direktion der BVG beriet gestern weiterhin, welche neuen Omnibuslinien als Parallelstrecken zur S-Bahn in West-Berlin eingerichtet werden können. Wie verlautet, ist unter anderem daran gedacht, eine neue Autobuslinie Wedding–Spandau und eine neue Linie Wannsee–Zoo einzurichten. Die neue Autobuslinie A65 (Charlottenburg-Nord – Flughafen Tempelhof) soll bis zur Sonnenallee (Neukölln) verlängert werden.

Auf einigen S-Bahnhöfen in West-Berlin und auch im Sowjetsektor wurden von Angestellten der sowjetzonalen Eisenbahn Handzettel verteilt, die sich gegen den vom DGB organisierten Boykott wandten ..."

Aufrufe zum S-Bahn-Boykott in der „Berliner Stimme", der Zeitung der Berliner SPD.
Rechts: 26. August 1961, unten: 19. August 1961. (Archiv Hartl, S-Bahn-Museum)

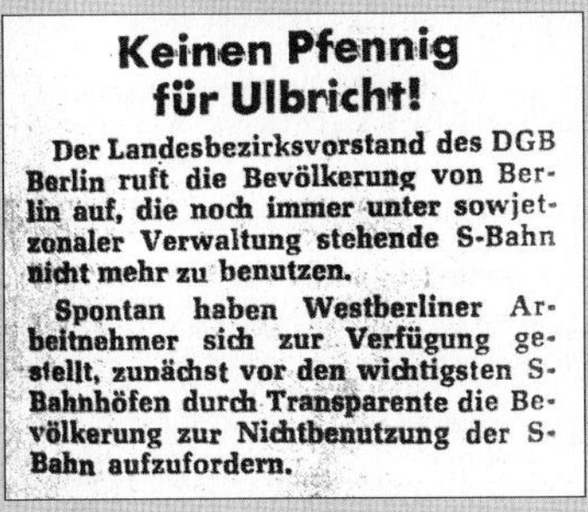

Keinen Pfennig für Ulbricht!

Der Landesbezirksvorstand des DGB Berlin ruft die Bevölkerung von Berlin auf, die noch immer unter sowjetzonaler Verwaltung stehende S-Bahn nicht mehr zu benutzen.

Spontan haben Westberliner Arbeitnehmer sich zur Verfügung gestellt, zunächst vor den wichtigsten S-Bahnhöfen durch Transparente die Bevölkerung zur Nichtbenutzung der S-Bahn aufzufordern.

„Westdeutsche Großstädte wollen ... helfen"

Berliner Morgenpost, Dienstag, 22. August 1961

„... Die ‚Berliner Morgenpost' sprach gestern mit den leitenden Direktoren großer westdeutscher Verkehrsgesellschaften. Ohne Zögern erklärten sie sich bereit, zur Verstärkung des BVG-Wagenparks Omnibusse nach West-Berlin zu schicken.

Es besteht kein Zweifel: der Boykottaufruf des DGB hat gezündet. Die S-Bahn ist bei den Westberlinern ‚abgemeldet'. Auf den Bahnsteigen herrschte gestern eine geradezu gespenstische Stille.

Die wenigen Fahrgäste in den S-Bahn-Abteilen machen gedrückte, sorgenvolle Gesichter. Die meisten von ihnen sind unterwegs zum Ostsektor. Zum Bahnhof Friedrichstraße, der dünnen Brücke in unserer brutal auseinandergerissenen Stadt. Von dort fahren sie weiter, nach Lichtenberg oder nach Friedrichsfelde. Um die Mutter zu besuchen, den Sohn oder den Onkel.

Ihnen gelten zu Unrecht die vielen Schmährufe, die Drohungen und Buh-Rufe, mit denen S-Bahn-Reisende von Demonstranten an den Bahnhofseingängen empfangen wurden ..."

Foto rechte Seite:
Britische Patrouille am Potsdamer Platz, wo der sowjetische, der britische und der amerikanische Sektor einander berührten.
Foto: Archiv U. Dittfurth, Berliner S-Bahn-Museum

Foto unten:
Dieser Doppeldecker war kein echter „Berliner".
Die Aachener Straßenbahn verstärkte damit 1961 den BVG-Verkehr.
Foto: Archiv M. Müller

„Alliierte Panzer an der Sektorengrenze"

Berliner Morgenpost, Donnerstag, 24. August 1961

„Truppen der drei Westmächte bewachen seit gestern die Sektoren- und Zonengrenzen rings um West-Berlin. Mit diesem Schritt reagierten die alliierten Stadtkommandanten auf den erneuten Bruch des Viermächtestatus durch das Ulbricht-Regime. Wie ein alliierter Sprecher mitteilte, hätten die Soldaten die Aufgabe, ‚die Sicherheit und Unantastbarkeit der Sektorengrenze zu gewährleisten'.

Durch eine neue Schikane haben die Pankower Behörden ... den letzten Rest von Freizügigkeit innerhalb Berlins beseitigt.

Seit gestern dürfen Westberliner den Sowjetsektor nur noch mit einer Aufenthaltsgenehmigung betreten.

Die Zahl der Übergänge an der Sektorengrenze ist von zwölf auf sieben verringert worden. Davon sind vier für Westberliner, zwei für Westdeutsche und einer für Ausländer und Westalliierte bestimmt. Zugleich haben die Zonenbehörden dazu aufgefordert, ‚im Interesse der eigenen Sicherheit' auf beiden Seiten nicht näher als 100 Meter an die Sektorengrenze heranzugehen ..."

„Brandt sperrt die Westberliner ein"

Neues Deutschland, Freitag, 24. August 1961

„Der Westberliner Frontstadtchef Brandt hat gestern in einer Ansprache über den amerikanischen Sender RIAS die Errichtung von Zweigstellen des Deutschen Reisebüros (DER) in Westberlin abgelehnt. Er ‚begründete' sein neues Verbrechen an den Berlinern mit der Behauptung, die Ausgabe von Aufenthaltsgenehmigungen sei ‚illegal', in den DER-Zweigstellen sollten entsprechend der Anordnung des Innenministers der DDR und dem Brief von Oberbürgermeister Ebert an Brandt – die Anträge der Westberliner zum Betreten der Hauptstadt der DDR eingereicht und die Genehmigungen ausgehändigt werden.

Warum kam es zum 23. August? Den Frontstadtpolitikern, den Agenten und Menschenhändlern hat die Warnung vom 13. August offenbar noch nicht ganz genügt. Sie nutzten die von unserer Regierung im Interesse der Berliner Bevölkerung dargebotene Großzügigkeit wiederum schonungslos aus: Sie versuchten, im demokratischen Berlin auch weiterhin zu stören, zu wühlen und abzuwerben; sie begannen eine systematische und umfangreiche Schiebung mit gefälschten Westberliner Ausweisen; sie haben den kalten Krieg fortgesetzt. Dem wurde am 23. August ein Ende gesetzt. Darum brauchen Westberliner jetzt eine Aufenthaltsgenehmigung, wenn sie in das demokratische Berlin wollen."

„‚DDR'-Büros auf den S-Bahnhöfen Zoo und Westkreuz geschlossen"

Der Tagesspiegel, Sonntag, 27. August 1961

„Der Berliner Senat hat am Sonnabend Mittag zwei in den Morgenstunden von dem Pankower Innenministerium in den Bahnhöfen Zoo und Westkreuz eingerichtete Dienststellen zur Ausgabe von Aufenthaltsgenehmigungen für West-Berliner polizeilich schließen und versiegeln lassen. Die Schließung erfolgte auf Anweisung der Alliierten, die bereits am Freitag ein entsprechendes Verbot zur Errichtung von ‚DDR'-Büros in West-Berlin erlassen hatten, da es den sowjetzonalen Behörden nicht gestattet werden kann, auf West-Berliner-Gebiet Hoheitsfunktionen auszuüben. Es war jedoch offengeblieben, ob sich dieses Verbot auch auf ‚DDR'-Büros auf ... S-Bahn-Gelände bezog ...

Die sowjetzonale Aktion begann um 8 Uhr. Reporter aus dem Sowjetsektor machten am Bahnhof Zoo die Passanten auf einen soeben geöffneten Fahrkartenschalter in der Bahnhofshalle aufmerksam, an dem Antragsformulare auf Erteilung einer Aufenthaltsgenehmigung ausgegeben würden. Schon wenige Minuten später wurden die Alliierten von der Errichtung dieser Stellen in zwei S-Bahnhöfen benachrichtigt. Die West-Berliner Polizei beschränkte ihre Tätigkeit bis zu den Mittagsstunden vorerst darauf, Ruhe und Ordnung in den Bahnhofshallen aufrechtzuerhalten.

Schon nach kurzer Zeit kam es zu einer Menschenansammlung, die eine drohende Haltung gegen die sowjetzonale Stelle einnahmen. Einige West-Berliner griffen zur Selbsthilfe und befestigten über dem Schalter ein Schild mit der Aufschrift ‚Eintritt zum KZ eine Mark West. Willst du dorthin?' Der hinter der Glasscheibe angebrachte Plakathinweis, daß hier Passierscheine beantragt werden könnten, wurde von einigen Passanten mit einer Zeitung von außen überklebt. Es kam zu heftigen Diskussionen ...

Die vereinzelt nach zweistündigem Warten ausgegebenen Aufenthaltsgenehmigungen ... trugen einen Stempel mit der Aufschrift ‚Ministerium des Innern der Deutschen Demokratischen Republik, Hauptverwaltung Volkspolizei', der nach Beobachtung von Augenzeugen in der Passierscheinstelle auf die Formulare gestempelt worden ist ...

Um 13 Uhr 30 sperrte dann die West-Berliner Polizei die Schalter im Bahnhof Zoo und im Bahnhof Westkreuz. Bevor noch dem Zoo-Bahnhofsvorsteher, der nicht aufzufinden war, die offizielle Anweisung zur Schließung überreicht werden konnte, riegelten Polizisten den Zugang zu den Schaltern ab. Polizeioffiziere gaben auf Befehl des britischen Stadtkommandanten bekannt: ‚Die Schalter sind geschlossen und werden nicht wieder geöffnet.' Polizisten betraten daraufhin die Schalterräume und zogen hinter den Scheiben die Vorhänge zu."

ZUM **SCHADEN**
DER WESTBERLINER

Polemisch und voller Häme – die Darstellung der Abläufe während der Tage nach dem 13. August in DDR-Broschüren ...

„Nur nich drängeln – jeda hat 5 Wagen für sich alleene!"

Oben:
Zeichnung des Karikaturisten Stenzel in der „Berliner Morgenpost" vom 22. 8. 1961

Handzettel, 18. August 1961:
Aufruf an die Reisenden in West-Berlin, dem Boykott der S-Bahn nicht zu folgen. Archiv S-Bahn-Museum

Berlin, den 18. August 1961

Werte Reisende!

Ich wende mich an Sie, die Sie die Berliner S-Bahn für Ihre Fahrten zur Arbeitsstelle, zu Ihren Freunden und Bekannten, zur Erholung oder aus sonstigen Anlässen seit Jahren benutzen.

Es wird Ihnen nicht entgangen sein, daß die Deutsche Reichsbahn in den letzten 15 Jahren ständig bemüht war, die Verkehrsverhältnisse in ganz Berlin zu verbessern, die S-Bahn immer schöner und bequemer zu gestalten sowie die Sicherheit für ihre Fahrgäste zu erhöhen und ihnen das Reisen angenehmer zu machen.

Diese Verbesserungen konnten durchgeführt werden, ohne daß Sie einen Pfennig mehr zu bezahlen hatten. Damit wurde die Berliner S-Bahn nicht nur zum schnellsten und sichersten, sondern auch zum **billigsten** Verkehrsmittel in Berlin.

Unser Bestreben ist, daß es auch in Zukunft so sein soll.

Lassen Sie nicht zu, daß diese S-Bahnzüge durch schmutzige Hände beschädigt oder zerstört werden. Sie wurden mit viel Fleiß in einen sauberen und schönen Zustand durch unsere Eisenbahner versetzt.

Ich bitte Sie, sich durch keine Boykottmaßnahmen beeinflussen zu lassen.

Seien Sie auch weiterhin unsere Fahrgäste.

Mit freundlichen Grüßen
Otto Arndt
Reichsbahndirektor
Präsident der
Reichsbahndirektion Berlin

5.3 Zeitzeugen berichten: Von Rückkehrern und von zerstörten Zügen

Waldemar B. „Rückkehr aus dem Urlaub"

Unsere Tante in Berlin-Lichterfelde West hatte meine Frau, Sohn Michael und mich ab 6. August zu sich eingeladen, um das Einfamilienhaus zu bewachen, während sie für zwei Wochen zu ihren Verwandten nach Westdeutschland reiste. Zwei Wochen Urlaub in Westberlin waren nicht zu verachten! In der ersten Woche besuchten wir den Botanischen Garten, den Zoo mit Aquarium, den „Langen Lulatsch" (Funkturm) und fuhren zum Baden an den Wannsee.

Am Sonntag, dem 13. August 1961, behauptete unser früh aufstehender Michael, der RIAS hätte soeben die Nachricht verbreitet, die Grenze zwischen Ost- und Westberlin werde ab Mitternacht von „Kampfgruppen" und „Volkspolizei" vollkommen gesperrt. Eine Hiobsbotschaft, die wir anfangs nicht glauben wollten. Was nun? Eine Woche Urlaub lag noch vor uns. Außerdem konnten wir das Einfamilienhaus nicht einfach unbewacht lassen. Viele Probleme, auch familiärer Art, waren zu lösen.

Am Dienstag, dem 15. August 1961, entschlossen wir uns zur Rückkehr in unsere Ostberliner Wohnung. Auf dem S-Bahnhof Lichterfelde West bekamen wir ohne Schwierigkeiten Fahrkarten in Richtung Osten. Der Bahnhof Friedrichstraße war jetzt „Grenzbahnhof". Gegen Vorlage unseres Personalausweises konnten wir die gesperrte Grenze ohne weiteres als „Heimkehrer" passieren, wurden sogar von den Kontrollorganen freundlich bedient. So hatten wir uns das Urlaubsende allerdings nicht vorgestellt. Ade, liebe Verwandtschaft!

Meine ebenfalls in Ostberlin lebende Schwester wollte am 13. August 1961 ihren Sohn im „Aufnahmelager Marienfelde" besuchen. Der 21jährige hatte im Juni 1961 Mutter und jüngeren Bruder verlassen, um im „Westen" sein Glück zu versuchen. Aber, noch lebte er im Lager!

Meine Schwester hörte kaum Radio. Sie wußte am Sonntag, dem 13. August 1961, tatsächlich nichts von der weltbewegenden Abriegelung und endgültigen Teilung der Stadt Berlin. Also stand sie am Fahrkartenschalter des S-Bahnhofs Leninallee und verlangte eine „Rückfahrkarte nach Marienfelde".

„Gibt's nicht mehr!", hörte sie die Stimme des Fahrkartenverkäufers. Auf ihre mehrmalige Frage: „Warum nicht? erhielt sie immer wieder die gleicht Antwort: „Gibt's nicht mehr!"Tränenüberströmt mußte sie sich von einem jungen Mann erklären lassen, daß die Grenzen geschlossen sind und es mit dem „nach dem Westen fahren" für alle Zeiten vorbei sei. Für meine Schwester stürzte eine Welt zusammen.

Gerhard B.
„Getrennt durch Freischicht"

1953 begann ich eine Lehre im Betriebs- und Verkehrsdienst bei der Deutschen Reichsbahn. Seit Januar 1960 war ich als Fahrdienstleiter S-Bahn auf dem Stellwerk „Sw" in Schöneweide tätig. Am 12. August 1961 hatte ich Frühschicht. Von den Ereignissen der kommenden Stunden und Tage wußte ich noch nichts.

Gegen 11.00 Uhr morgens betraten zwei Personen das Stellwerk. Sie wiesen sich mit ihren „Klappkarten" als Angehörige des Ministeriums für Staatssicherheit aus. Sie sagten nur, sie wollten sich hier mal umsehen. Sie blieben bis zum Schichtende. Mein Kollege von der Fernbahn verschwand mal kurz auf dem Klo – Westradio hören – konnte mir aber auch keine Hinweise auf die nahenden Vorkommnisse geben.

Um 14.00 Uhr verließ ich das Stellwerk, um nach Hause zu meiner Wohnung im Bezirk Prenzlauer Berg zu fahren. Gegen 18.00 Uhr war ich dann wieder bei meiner damaligen Verlobten, die in Johannisthal wohnte. Gegen 23.30 Uhr verabschiedete ich mich von ihr und nahm in Schöneweide den Zug Richtung Stadt, stieg Treptower Park in die Ringbahn um. Gegen 0.20 Uhr passierte ich hinter Schönhauser Allee die Sektorengrenze. Ungewöhnlicherweise war in dieser Nacht vom 12. zum 13. August 1961 nicht ein Uniformierter auf dem Bahnhof Schönhauser Allee zu sehen. Nach nochmaligem Umsteigen in Gesundbrunnen kam ich gegen 1.00 Uhr in Tegel an, wo ich das Haus von Verwandten hütete. Kurze Zeit später ging ich, in Erwartung eines freien Sonntags und eines Treffens mit meiner Verlobten, ins Bett.

In Schöneweide – so berichtete mir später ein Kollege – wurden zur gleichen Zeit die bisher stummen Mitarbeiter der Stasi mobil. Nach geheimnisvollen, unverständlichen Telefonaten übergaben sie meinem für die Fernbahn zuständigen Kollegen einen verschlossenen Umschlag, verbunden mit der Aufforderung, ihn sofort zu öffnen und entsprechend zu handeln. Der Brief erhielt einen vom damaligen Verkehrsminister der DDR , Dipl.-Ing. Erwin Kramer, unterschriebenen Befehl, das Gleis in Richtung Köllnische Heide, d. h. nach West-Berlin, sofort zu sperren. Nur für einen dringlichen Hilfszug, der angekündigt wurde, durfte es noch einmal geöffnet werden.

Es stellte sich heraus, daß diesen Befehl nur die Kollegen auf dem zuständigen Stellwerk Baumschulenweg ausführen konnten. Wie man sich dazu verständigte, weiß ich nicht. Auf jeden Fall kam irgendwann der Hilfszug und kehrte bald danach, nun beladen mit Schienen, die man dicht an der Sektorengrenze aus dem Fern- und den S-Bahn-Gleisen abgebaut hatte, zurück. Bis 1993 sollte es auf diesem Streckenabschnitt keinen Zugverkehr mehr geben.

Von all dem ahnte ich nichts. Dann hörte ich am Morgen im Radio, die Grenze sei dicht. Im Fernsehen wurden die ersten Bilder übertragen. Was sollte ich tun? Im Westen bleiben, zurück zu meiner Verlobten in den Osten? Ich entschied mich abzuwarten und mehr Informationen zu sammeln. Um Zeit zu gewinnen, entschied ich, erst einmal in Ost-Berlin anzurufen. Nun war schon seit den 50er Jahren das Postnetz unterbrochen. Auch das Basa-Telefonnetz der Deutschen Reichsbahn war nur noch an wenigen Stellen miteinander verbunden.

Durch meine Tätigkeit als Fahrdienstleiter auf „Sw" wußte ich, daß es eine durchgängige Telefonverbindung der Zugleitung Ringbahn gab, die sich in einem Stellwerk nahe dem S-Bahnbetriebswerk Papestraße befand Die Kollegen dort kannte ich. Unter Umgehung Ost-Berlins fuhr ich also nach Tempelhof. Mein Kollege von der Frühschicht war überrascht, mich am Basa-Anschluß *(bahninternes Telefonnetz)* zu hören.

„Mensch, wat is, wo biste denn?"

„Ick bin in West-Berlin!"

„Wat, wo denn?"

„Na, irgendwo ...! Paß mal uff, kannste für mich morjen die Frühschicht übernehm, ick will erst mal sehn, wie det so weitergeht ...?!"

Nach einigem Zögern willigte der Kollege ein und ich gewann Zeit zum Nachdenken und zum Telefonieren mit meiner Verlobten. Wir wollten versuchen, daß ich sie durch Heirat in den Westen nachhole. Wenn das nicht klappt, würde ich – dies versprach ich ihr – nach spätestens einem Jahr zurückkommen. Für uns beide war das wohl das schwierigste Telefongespräch überhaupt.

Als ich am nächsten Tag meinen Dienststellenleiter informierte, wo ich bin und daß ich erst nach der „Wiedervereinigung" zurückkäme, war natürlich die Hölle los. Dennoch, ich blieb im Westen. Bald brach auch dieser letzte telefonische Kontakt ab, weil man dahintergekommen war, daß so manches nicht erwünschte Telefonat über die Basa lief.

Bei der Reichsbahn zu arbeiten, war natürlich nicht mehr möglich. Ich war ja „Republikflüchtling". Ich hatte aber keine Mühe, bei der U-Bahn eine Anstellung zu finden. Und dennoch ließ mir meine Entscheidung vom August 1961 keine Ruhe. Nachdem sich die Lage auch nach einem Jahr nicht geändert hatte, entschloß ich mich, das meiner Verlobten gegebene Versprechen zu halten und nach Ost-Berlin zurückzukehren. Das war kein leichter Gang, aber bereut habe ich ihn nicht.

Die Sektorengrenze bei Schönholz, 1974. Foto: Landesarchiv Berlin

Heinz S.
„Vandalismus pur"

Meine Eltern waren beide Eisenbahner. Mein Vater hat als SPD-Mitglied fast drei Jahre im Nazigefängnis durchlitten und wurde später in das Strafbataillon 999 gepreßt. Auch ich wurde – wie meine Geschwister – Eisenbahner. Meine „erste Wahl" war das allerdings nicht, denn ursprünglich wollte ich eine Tischlereilehre machen. Als einer, der aus einer „roten Familie" stammt, hatte ich im West-Berlin der 50er Jahre keine Chance. So begann ich – damals schon FDJ-Mitglied – 1956 meine Lehre als Lokomotivschlosser im Reichsbahnausbesserungswerk (Raw) Tempelhof. Nach der Lehre 1959 ging ich als ehrenamtlich tätiger FDJ-Sekretär ins S-Bahnbetriebswerk (Bw) Wannsee. Dort hatte ich gemeinsam mit weiteren ca. 30 Schlossern S-Bahnwagen zu reparieren. In meiner politischen Funktion organisierte ich z. B. Veranstaltungen oder fertigte Wandzeitungen an. Die Belegschaft kam aus Ost und West. Die Handwerker waren vorwiegend Ältere, nur wenige waren in der Partei organisiert.

Ost-West-Auseinandersetzungen fanden auch im S-Bw Wannsee statt. Die Diskussionen waren allerdings weniger von weltpolitischen Fragen beherrscht als vielmehr von den Alltagsproblemen zwischen Ost und West: Versorgungsprobleme, Umtauschkurse oder politische Bevormundung. Ich persönlich war davon auch betroffen. Wie alle Westberliner erhielt ich 60 Prozent meines Lohnes in Westmark, die übrigen 40 Prozent in Ostmark. Den 1949 vereinbarten Umtausch der 40 Prozent in Westmark verweigerte mir allerdings die Umtauschkasse des Senats. Damit wurde wohl meine FDJ-Arbeit „bestraft". Ich konnte aber in Ostberlin einkaufen. Da die Kontrolle des Umtauschkontingentes lasch gehandhabt wurde, ließ es sich so dennoch leben.

Als ich an diesem Tage früh aufstand, hörte ich im „Deutschen Freiheitssender 904" zwar ellenlange Nachrichten, habe es aber nicht richtig begriffen, was dort mitgeteilt wurde. Was in der Nacht passiert war, wurde einem dann erst später klar.

Ich hatte am 13. August Frühschicht als Schlosser im S-Bw Wannsee. Die Arbeitszeit ging von 6.15 Uhr bis 14.15 Uhr. Ich fuhr mit dem Fahrrad am Pohlesee vorbei in Richtung S-Bahnbetriebswerk. Es war ein schöner Sommermorgen. Daß auf den nahen S-Bahngleisen kein Zugverkehr war, ist mir nicht aufgefallen. Im Betrieb angekommen, war es mit der Ruhe vorbei. Alle Kolleginnen und Kollegen waren in großem Aufruhr, obwohl zu diesem Zeitpunkt noch keiner ahnen konnte, wie sich später einmal alles entwickelt. Wir hatten keine Züge zum Überholen (am Sonntag wurden immer vier Viertelzüge planmäßig überholt), alle auf der Strecke befindlichen Umläufe waren durcheinander. Die Ablösungen für das Triebfahrzeugpersonal fehlten, denn viele dieser Personale kamen aus Potsdam und anderen Orten der näheren Umgebung. An eine ordentliche, planmäßige Arbeit war nicht zu denken. Wir Schlosser haben die anfallenden Bedarfsreparaturen an den Zügen ausgeführt, die das S-Bw

Zerstörte S-Bahn-Züge in Berlin-West.

Die Deutsche Reichsbahn präsentierte am 18. August im Bahnhof Friedrichstraße S-Bahn-Wagen mit zerschlagenen Scheiben, zerbrochenen Haltestangen, aufgeschlitzten Sitzpolstern, abgerissenen Fenstertischen und herausgerissenen Feuerlöschern.

Fotos: Deutsche Reichsbahn, August 1961, Archiv S-Bahn-Museum

erreichten. Am Vormittag machten sich dann kleine Gruppen zu Fuß auf in Richtung Griebnitzsee, denn die Kolleginnen und Kollegen wollten nach dem Nachtdienst wieder nach Hause. Im Tagesverlauf kamen dann auch Eisenbahner wieder nach Westberlin, nachdem wohl erste Probleme für den Grenzübertritt für diesen Personenkreis gelöst worden waren. An diesem Sonntag normalisierten sich natürlich nicht die Verhältnisse im S-Bahnverkehr, aber ich kann sagen, daß aus unserer Sicht alle eingesetzten Züge in Ordnung waren. Wenn ich mich recht entsinne, begannen allerdings schon an diesem Tage die erheblichen mutwilligen Zerstörungen an den Inneneinrichtungen der S-Bahn, die es zwar schon zuvor gegeben hatte, aber Quantität und „Qualität" stiegen an diesem Tage und in den folgenden Wochen doch sehr stark an.

Wir haben uns damals als Handwerker die Kartons von Glühlampen genommen, um auf der unbedruckten Innenseite Aufzeichnungen von Schäden an den Zügen machen zu können. Die Pappkartons waren relativ fest, konnten auch ohne Unterlage beschrieben werden. Ich habe in einem Umlauf, der zwischen Wannsee und Friedrichstraße verkehrte, zusammen mit meinen Kollegen Schäden aufgenommen.
In „meinem" Wagen waren zerstört:

- alle Lüftungsklappen zerschlagen,
- alle Fensterscheiben, auch die Stirnwandscheiben, zerstört, zusammen mit den Türscheiben,
- alle Reklamescheiben mit den Rahmen zerstört,
- alle Fenstertische abgerissen, zum größten Teil nicht mehr vorhanden (12 Stück),
- alle Armlehnen abgerissen, ebenfalls aus dem Wagen geworfen,
- alle Lampenglocken abgerissen, die Glühlampen zumeist zerschlagen
- die Gepäckablagen zerstört,
- die Fensterschutzstangen zerbrochen,
- fast alle Haltegriffe auf den Windfängen und den Rückenlehnen beschädigt und teilweise nicht mehr vorhanden, mehrere Windfänge waren aus den Befestigungen gerissen worden,
- alle Sitzbänke und Rückenlehnen waren erheblich beschädigt,
- der Feuerlöscher war benutzt worden und befand sich nicht mehr im Fahrzeug,
- selbst die Türgriffe wurden vermutlich mit Werkzeugen an verschiedenen Türen abgebrochen.

Jedenfalls waren die Zerstörungen in diesem Zug so erheblich, daß dieser nicht mehr eingesetzt werden konnte. In den anderen Wagen (ET) fehlten auch Bodenklappen, für Fahrgäste eine besondere Gefahr!

Ich kann mich noch gut erinnern, daß mein „Karton" für alle Beschädigungen nicht ausreichte und meinen Kollegen in den anderen Wagen erging es ähnlich.

Einzelne Artikel in West-Berliner Zeitungen versuchten, diese Schäden als arrangierte Provokation des Ostens darzustellen. Diese Presseveröffentlichungen waren für alle Beschäftigten des S-Bw Wannsee, die diese Zerstörungen selbst gesehen hatten, und auch mit großem Aufwand versuchten zu beseitigen, um sichere und ordentliche Züge anzubieten, buchstäblich ein Schlag ins Gesicht.

Um nicht eventuell mißverstanden zu werden: Natürlich gab es kontroverse Diskussionen über den Mauerbau, aber die eigene Arbeit so vorsätzlich mißachtet zu sehen, hat keinem Eisenbahner gefallen!

Bahnhof Wilhelmsruh, Januar 1965: Die Gleise der Heidekrautbahn weichen dem Ausbau der Grenzanlagen. Foto: Landesarchiv Berlin

Köllnische Heide, August 1961: Abbau der Gleise nach Baumschulenweg. Foto: Archiv Lehmann.

5.4 Tod am Bahndamm

Auch die Anlagen der S-Bahn wurden in Berlin zu Orten von Flucht und Tod.

Zwei Flüchtlings-Schicksale, die sich bereits kurz nach dem Mauerbau ereigneten, waren die von Günter Litfin nahe Lehrter Bahnhof und von Klaus-Peter Eich nahe S-Bahnhof Köllnische Heide.

Beide wurden im Alter von 24 bzw. 20 Jahren von Angehörigen der Transportpolizei erschossen. Günter Litfin war das erste Maueropfer, das durch Kugeln starb.

In den Protokollen der Transportpolizei liest sich beider Tod so:

Zum Tod von Günter Litfin

„Am 24. August 1961 ereigneten sich 12 Grenzdurchbrüche. Am gleichen Tage versuchte um 16.15 Uhr der Günter Litfin, geb. 19.1.37, über das Bahngelände zwischen Friedrichstr. und Lehrter Bahnhof nach Westberlin zu entkommen. Ein Posten forderte L. auf, stehen zu bleiben, dieser sprang jedoch ins Wasser und versuchte, auf diesem Wege nach Westberlin zu kommen. Durch einen Posten der Transportpolizei wurde nach weiteren Warnungen mit der MPi Sperrfeuer gegeben, ohne daß L. darauf reagierte. Danach gab der Posten gezieltes Feuer. L. wurde durch Kopfschuß tödlich verletzt und versank. Gegen 19.10 Uhr wurde der Tote aus der Spree geborgen und in das VP-Krankenhaus überführt. Der L. hatte bis zum 13.8.61 in Westberlin gearbeitet."

Zum Tod von Klaus-Peter Eich

„Am 12.10.1961 gegen 04.30 Uhr wurde an der Nahtstelle Köllnische Heide ca. 60 m rechts vom Stellwerk Khd in Höhe der dort aufgestellten Lampe durch die Posten der Transportpolizei festgestellt, daß sich 2 männliche Personen im Laufschritt der Staatsgrenze näherten und versuchten, illegal nach Westberlin zu gelangen. Durch einen Posten der Trapo wurden die Personen angerufen, blieben jedoch nicht stehen. Nach erfolglosem Warnruf wurden aus einer MPi41 vier Warnschüsse in die Luft abgegeben, worauf die beiden Grenzverletzer zurück in Richtung demokratisches Berlin liefen. Nach nochmaligem Anruf, der wiederum erfolglos war, wurden durch den VP.-Hwm ... in einem Feuer-

Ein Schlauchboot der Feuerwehr Ost
wird am Ufer des Humboldthafens in die Spree gesetzt ...
Das auf den 27. August 1961 datierte Foto zeigt vermutlich den Beginn der Bergung des am 24. August 1961 erschossenen Günter Litfin.
Foto: K.-H. Schubert/Landesarchiv Berlin

stoß 4 Zielschüsse sowie durch 2 weitere Genossen je ein Zielschuß aus einem Karabiner und einer MPi abgegeben. Dabei wurde der Bürger Eich, Klaus-Peter, geb. 31. 1. 1941 in Berlin, wohnh. Berlin O34, Bersarinstraße 49, getroffen und schwer verletzt. Die zweite Person konnte zur Zeit noch nicht gestellt werden. Der E. wurde in das VP-Krankenhaus eingeliefert. Die Spur der zweiten geflüchteten Person wurde mit Fährtenhund bis Bahnhof Plänterwald verfolgt und ging dort verloren. Vermutlich ist die Person mit der S-Bahn weitergefahren. Nach Rücksprache mit dem VP-Krankenhaus wurde der Eich an der Lunge und Wirbelsäule verletzt. Es besteht Lebensgefahr ..."

Klaus-Peter Eich starb noch am gleichen Tag.

Literaturverzeichnis

Autorenkollektiv: Die Berliner S-Bahn, Berlin 1982

Berliner Fahrgastverband IGEB e.V.: S-Bahn nach Teltow, Berlin 1995

Berliner Feuerwehr: 125 Jahre Berliner Feuerwehr, Berlin 1976

Berliner S-Bahn Museum: Die Stadtbahn – Ein Viadukt mitten durch Berlin, Berlin 1996

Berliner S-Bahn Museum: Strecke ohne Ende. Die Berliner Ringbahn, Berlin 1993 und 2002

Berliner S-Bahn Museum/Bürgerinitiative Stammbahn:
Die Stammbahn, Aufbau – Teilung – Zukunft; Berlin 2001

Berliner S-Bahn Museum:
Vorsicht Hochspannung! 75 Jahre Berliner S-Bahn; Berlin 1999

Berliner S-Bahn Museum (Herausgeber):
Nord-Süd-Bahn. Vom Geistertunnel zur City-S-Bahn; Berlin 1999

Bock, Peter: Interzonenzüge, Eisenbahnverkehr im geteilten Deutschland, München 1998

Bley, Peter: Berliner S-Bahn, Düsseldorf, 7. Auflage 1997

Conradt, Sylvia: Reichstrümmerstadt: Leben in Berlin 1945–1961; Neuwied 1987

Deutscher Bahnkunden-Verband e.V.: 125 Jahre Bahnhof am Griebnitzsee; Berlin 1999

Eisenbahnkurier, Heft 3/1985

Erinnerungsstätte Notaufnahmelager Marienfelde e.V.:
Fluchtziel Berlin, die Geschichte des Notaufnahmelagers Berlin-Marienfelde; Berlin 2000

Filmer, Werner und Schwan, Heribert:
Opfer der Mauer, die geheimen Protokolle des Todes; München 1991

Wollankstraße, September 1961: S-Bahnhof und Straße sind zugemauert
Foto: Landesarchiv Berlin

Flemming, Thomas und Koch, Hagen:
Die Berliner Mauer – Geschichte eines politischen Bauwerks ; Berlin 1999

Jacob, Manuel: Die Berliner S-Bahn im Kalten Krieg 1949–1961;
in: Berliner Verkehrsblätter 7/1995 und 8/1995

Jacob, Manuel: Sicher ist sicher! Der elektrische Betrieb auf der Berliner S-Bahn; Berlin 2000

Johnson, Uwe: Berliner Sachen, Aufsätze; Frankfurt am Main 1975

Koschinski, Konrad: Der elektrische Betrieb auf der Berliner S-Bahn.
Auf Zeit getrennt – 1960 bis 1980; Berlin 2002

Kuhlmann, Bernd: Züge durch Mauer und Stacheldraht; Berlin 1998

Kuhlmann, Bernd: Bahnknoten Berlin.
Die Entwicklung des Berliner Eisenbahnnetzes seit 1838; Berlin 2000

Lemke, Michael: Die Berliner Krise 1958 bis 1963; Berlin 1995

Maibaum, Werner: Geschichte der Deutschlandpolitik, Bonn 1998

Mehls, Hartmut (Herausgeber): Im Schatten der Mauer.
Dokumente 12. August 1961 bis 29. September 1961; Berlin 1990

Meyer-Kronthaler, Jürgen und Kramer, Wolfgang:
Berlins S-Bahnhöfe – ein dreiviertel Jahrhundert; Berlin 1998

Petschull, Jürgen:
Die Mauer – vom Anfang und vom Ende eines deutschen Bauwerkes; Hamburg 1989

Steininger, Rudolf: Der Mauerbau,
die Westmächte und Adenauer in der Berlinkrise 1958–1963; München 2001

Strowitzki, Bernhard: S-Bahn Berlin. Geschichte(n) für unterwegs; Berlin 2002

Verkehrsgeschichtliche Blätter, Jahrgänge 1991 bis 2001

Wollankstraße, 13. November 1989, 10 Uhr – die Grenze ist wieder offen. Foto: J. Hartl

BERLINER
S-BAHN
AUSSTELLUNG IM UNTERWERK
AM S-BAHNHOF GRIEBNITZSEE
ALLE 10 MINUTEN MIT DER S7
EINTRITT 1,50€ (0,50€)
S-BAHN
S
BAHN
INFORMATIONEN
Berliner
S-Bahn
Preis
09067
GRUPPEN-
FÜHRUNGEN
NACH VEREINBARUNG
Berliner S-Bahn Museum · Tel: 030/78 70 55 11 · Fax: 030/78 70 55 10 · www.s-bahn-museum.de
MUSEUM

Signal